新华保险制式培训教材

保险基础知识

BAOXIAN JICHU ZHISHI

万 峰 主编

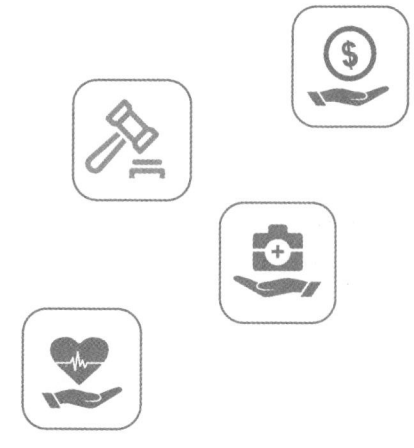

中国金融出版社

责任编辑：亓　霞　任　娟
责任校对：张志文
责任印制：程　颖

图书在版编目(CIP)数据

保险基础知识（Baoxian Jichu Zhishi）/万峰主编. —北京：中国金融出版社，2018.11

ISBN 978-7-5049-9791-3

Ⅰ.①保… Ⅱ.①万… Ⅲ.①保险学—教材 Ⅳ.①F840

中国版本图书馆CIP数据核字（2018）第229374号

出版
发行　中国金融出版社

社址　北京市丰台区益泽路2号
市场开发部　（010）63266347，63805472，63439533（传真）
网上书店　http://www.chinafph.com
　　　　　（010）63286832，63365686（传真）
读者服务部　（010）66070833，62568380
邮编　100071
经销　新华书店
印刷　保利达印务有限公司
尺寸　169毫米×239毫米
印张　11
字数　170千
版次　2018年11月第1版
印次　2018年11月第1次印刷
定价　25.00元
ISBN 978-7-5049-9791-3
如出现印装错误本社负责调换　联系电话(010)63263947

序　言 Preface

中国特色社会主义已经进入新时代。站在新时代的入口，"保险姓保""回归本原"以及为社会提供风险管理服务成为中国寿险业的必然选择与发展方向。充分发挥自身分散风险、补偿损失和积蓄基金的优势，通过市场化风险管理机制和高质量的发展，在养老、健康、医疗等领域顺势而为，谋民生之利、解民生之忧、保障民生福祉，这既是新时代赋予中国寿险业的重大使命，也是新时代为中国寿险业发展创造的难得机遇。

新华保险近年来聚焦高质量发展，全力推进实施转型战略，通过两年的努力，初步完成转型任务，可持续发展能力大大加强。在这个过程中，我们深刻地体会到高质量发展需要高素质的人才。在"回归本原"和实现高质量发展的客观要求下，我们必须不断提升员工和销售队伍的专业技能和综合素质，坚持把教育培训放在优先发展的战略位置。强司先强教。教育培训不仅是寿险公司高质量发展的核心要素，也是公司增长动能转换的核心动力，更是公司赢得市场竞争的核心优势。

高质量发展要求寿险公司的教育培训，不能是"师傅带徒弟的作坊式培训"，也不能是"战地医院式的补救式培训"，而应该是制度、教材、讲师、实施"四位一体"的正规化、专业化、系统化的教育培训体系。其中，

保险基础知识

制度是开展教育培训工作的基本前提，教材是教育培训内容的重要载体，讲师是教育培训工作的具体承担者，实施是教育培训工作的落脚点和实现教育培训目标的关键。

为此，我们在2017年"搭架构、建制度"的基础上，2018年开始着手开发一套具有新华特色，符合公司需要，体现科学性、针对性和实用性的制式培训教材。本套培训教材，围绕公司人才培养目标，立足公司教育培训实际，以公司员工和销售人员岗位能力建设为核心，涵盖公司员工和销售队伍所应该具备的公共知识和基本专业技能，强化案例与情境模拟，丰富知识呈现形式，是一套与公司战略和业务发展相匹配的具有新华特色的制式培训教材。

尽管本套培训教材还有诸多需要完善之处，但我认为这是一个良好的开端。希望本套培训教材的出版能够在公司现代教育培训体系中发挥积极、重要的作用，也衷心希望本套培训教材能够对行业和关心保险业的人士有所帮助。

万　峰

2018年9月10日

目 录 Contents

第一章 风险与风险管理

第一节 风险概述
一、风险的定义和特征　/ 2
二、风险的三要素　/ 4
三、风险的分类　/ 5

第二节 风险管理
一、风险管理的含义　/ 9
二、风险管理的目标　/ 10
三、风险管理的基本程序　/ 11
四、风险管理工具　/ 13
五、风险管理与保险　/ 15
本章思考题　/ 17

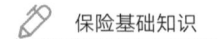

第二章 保险的产生和发展

第一节 保险的产生

一、保险思想萌芽与保险雏形 / 20

二、保险产生的条件 / 22

第二节 保险业的发展

一、现代商业保险的发展 / 24

二、中国保险业的起步与发展 / 28

三、当代保险市场发展的特点 / 31

本章思考题 / 34

第三章 保险的性质、功能、作用和分类

第一节 保险的性质

一、保险的概念 / 36

二、保险的特性 / 37

第二节 保险的功能

一、基本功能 / 39

二、派生功能 / 40

第三节 保险的作用

一、保险在微观经济中的作用 / 43

二、保险在宏观经济中的作用 / 45

第四节　保险的种类

一、根据保险标的分类　　/ 48

二、根据经营目的分类　　/ 50

三、根据实施方式分类　　/ 51

四、根据承保方式分类　　/ 52

五、根据投保主体分类　　/ 52

六、根据承保风险分类　　/ 53

本章思考题　　/ 54

第四章　保险合同

第一节　保险合同概述

一、保险合同的特征　　/ 56

二、保险合同的形式　　/ 59

第二节　保险合同的要素

一、保险合同的主体　　/ 62

二、保险合同的客体　　/ 65

三、保险合同的内容　　/ 65

第三节　保险合同的订立与生效、履行、变更

一、保险合同的订立与生效　　/ 68

二、保险合同的履行　　/ 71

三、保险合同的变更　　/ 73

第四节　保险合同的解释和争议处理

一、保险合同的解释原则　/ 80

二、保险合同争议的解决方式　/ 83

本章思考题　/ 85

第五章　保险的基本原则

第一节　保险利益原则

一、保险利益及其成立要件　/ 88

二、保险利益原则的意义　/ 90

三、保险利益的种类　/ 91

第二节　最大诚信原则

一、最大诚信原则的含义　/ 96

二、最大诚信原则的内容　/ 98

三、违反最大诚信原则的后果　/ 101

第三节　近因原则

一、近因原则的含义　/ 105

二、近因原则的具体适用　/ 106

第四节　损失补偿原则

一、损失补偿原则的含义　/ 109

二、损失补偿原则的基本内容　/ 109

第五节　损失补偿原则的派生原则

一、代位追偿原则　　/ 113

二、重复保险分摊原则　　/ 120

本章思考题　　/ 124

第六章　人身保险概述

第一节　人身风险与人身保险

一、人身风险的定义与类别　　/ 126

二、人身保险的概念与特征　　/ 128

三、人身保险的分类　　/ 130

第二节　人身保险合同常用条款

一、不可抗辩条款　　/ 133

二、年龄误告条款　　/ 134

三、宽限期条款　　/ 136

四、复效条款　　/ 137

五、自杀条款　　/ 137

六、受益人条款　　/ 139

七、不丧失现金价值条款　　/ 139

八、保单贷款条款　　/ 140

本章思考题　　/ 142

第七章　人身保险险种

第一节　人寿保险
一、人寿保险的概念与特征　/ 144
二、人寿保险的主要类型　/ 145

第二节　意外伤害保险
一、意外伤害保险的概念与特征　/ 151
二、意外伤害保险的分类　/ 153

第三节　健康保险
一、健康保险的概念与特征　/ 156
二、健康保险的分类　/ 160

本章思考题　/ 164

参考文献　/ 165

后　记　/ 166

第一章　风险与风险管理

无风险,无保险。风险的客观存在是保险产生与发展的自然前提条件之一。风险的特征、种类及风险管理的方法都直接影响着保险理论与实践的发展,因此,认识保险必须首先从认识风险开始。

通过本章学习将帮助你

了解风险的定义和特征

理解风险的三要素

掌握风险的不同分类

了解风险管理的含义

掌握风险管理的目标、基本程序及方法

理解风险管理与保险

第一节
风险概述

一、风险的定义和特征

（一）风险的定义

人们对风险的认识多种多样，保险界普遍接受的定义，是将风险界定为损失的不确定性。这一概念包含以下几层含义。

第一，风险总是和损失相关联。损失是风险的一种可能结果。人们总是通过损失来感受风险的存在，并凭借损失的大小来评估风险的大小。人们只有受到损失或预感到损失有可能发生，才会确认风险的存在。

第二，已经确定的损失不能称为风险，只有不确定的损失才是风险。虽说没有损失就没有风险，但并不是说只要有损失就一定有风险。只有损失发生的概率在0和1之间时，才能称作风险。那些绝对不可能发生的损失，即损失的概率为0，和那些必然会发生或已经发生了的损失，即损失的概率为1，都是确定的，因而不能称为风险。只有那些既有发生的可能，又无法事先确定其是否发生以及发生的时间、地点、频率和强度的损失，才可称为风险。

第三，风险是可以被感知和认识的客观存在，而人的感知和认识又具有主观判断的特性。不确定性就是客观存在的风险在人脑中的主观反映，是人脑对未来损失发生的可能性的一种主观估计。由于人与人之间认识水平的差异，这种反映与估计也存在着差异。这种不确定性水平认知的高低决定着人们对待风险的态度和处置风险方式的差异。

（二）风险的特征

风险具有客观性、偶然性、普遍性、可变性和相关性等基本特征。

1. 风险的客观性

风险是不以人的主观意志为转移的一种客观存在。无论是自然界中的天灾，还是人类社会的意外事故等人祸，都是不以人的意志为转移的客观存在。理论上，我们可以将一种风险降为零，但实际上风险无处不在，无论是过去、现在还是将来，风险的存在都是客观的、必然的现象。

2. 风险的偶然性

风险是一种客观存在，但风险的发生又是随机的、偶然的、不确定的。风险何时、何地、以哪种方式发生，损失程度如何，都具有很大的不确定性。不过，风险的发生又有一定的规律性，这种规律性使人们认识风险、估计风险、管理风险成为可能。

3. 风险的普遍性

风险无时不在，风险无处不在。无论是现在还是将来，无论是个人、企业还是国家，都会面临各种各样的风险。随着经济社会的发展和科学技术的进步，自然灾害、意外事故、金融风暴、政治动荡、恐怖活动等风险不仅数量增多、范围扩大，而且所造成的损失也与日俱增。

4. 风险的可变性

人们所面临的风险总是在不断发展变化之中。一方面，由于人们在与风险的不断斗争中技术和能力不断增强，某些风险源不复存在或者被人们有效控制而弱化。例如，随着医学水平的提高，许多曾经威胁人们生命的疾病，比如天花，已能为医学所控制。另一方面，随着经济社会的发展、人类生活方式的变化、科技的飞速发展及广泛应用，又产生了许多新的风险源，而且可能产生的损失也越来越大。例如，汽车数量的激增带来了损失巨大的交通事故，原子能的应用产生了令人畏惧的核泄漏风险和可能导致人类毁灭的核战争风险。所以，从发展趋势上看，风险不是一成不变的，而是总处于不断变化之中。

5. 风险的相关性

风险与风险主体的行为紧密相关。无论个人、企业还是国家，所面临的风险与其行为有着密切的联系。相同的风险对于不同的行为主体会产生不同的结果，同一行为主体在不同的阶段或者由于所采取的行为不同，也会面临不同的风险。

二、风险的三要素

通过风险因素、风险事故和损失三要素的关系，我们可以进一步认识风险的定义和本质。

（一）风险因素

风险因素也称风险条件，是指引发风险事故或在风险事故发生时致使损失增加的条件，即促使损失发生和增加损失发生的频率或严重程度的条件，是事故发生的潜在原因，也是造成损失的内在原因或间接原因。通常，风险因素可分为实质风险因素、道德风险因素、心理风险因素三类。

实质风险因素是指有形的并能直接影响事件的物理功能的风险因素。例如，汽车厂家生产的刹车系统、发动机，建筑物的坐落地址、建筑材料、结构、消防系统等，均属于实质风险因素。

道德风险因素是指与人的品行修养有关的无形因素。例如，诈骗、纵火等恶意行为或不良企图，均属于道德风险因素。

心理风险因素是指与人的心理状态有关的无形因素。例如，人的疏忽、过失、投保后片面依赖保险等，均属于心理风险因素。

（二）风险事故

风险事故也称风险事件，是造成损失的直接原因或外在原因，也是使风险造成损失的可能性转化为现实性的媒介，是风险因素与风险损失的中间环节。

也就是说，风险只有通过风险事故的发生，才引致损失的结果。

风险事故和风险因素的区分有时并不是绝对的。某一事件在一定条件下是风险因素，在另一条件下则为风险事故。以暴风雨为例，如果是毁坏房屋、庄稼等，暴风雨就是风险事故；如果是造成路面积水、能见度差、道路泥泞，引起连环车祸，暴风雨就是风险因素，车祸才是风险事故。在这里，判定的标准就是看是否直接引致损失。

（三）损失

损失是指非故意、非计划和非预期的经济价值的减少。这一定义包含两个要素：一是"非故意、非计划和非预期"，二是"经济价值的减少"。两者缺一不可，否则就不构成损失。以折旧为例，虽然是经济价值的减少，但它是固定资产自然而有计划的经济价值的减少，不符合第一个条件，所以不属于我们所讨论的损失。

损失通常分为两类，即直接损失与间接损失。前者指风险事故直接造成的有形损失、实质损失，强调风险事故对于标的本身所造成的破坏，是风险事故导致的初次效应；后者是由直接损失进一步引发或带来的无形损失，是风险事故的后续效应，包括额外费用损失、收入损失和责任损失等。

综上所述，风险是由风险因素、风险事故和损失构成的统一体。风险事故是损失发生的直接原因或外在原因，风险因素为损失发生的间接原因或内在原因。将三者之间的关系联系起来，就构成了风险形成的全过程：风险因素在一定条件下引发风险事故，风险事故的发生引起损失，而所发生损失的大小又标志着风险事故的大小，反映着风险因素的隐患和危害。

三、风险的分类

为了更好地分析、研究和管理风险，人们依据不同的标准，把风险分成许多种类。

保险基础知识

（一）按风险的性质分类

按风险的性质，风险可分为纯粹风险和投机风险两类。

1. 纯粹风险

纯粹风险是指那些只有损失机会而没有获利可能的风险，即这种风险的结果只有"损失"和"无损失"两种。例如，汽车发生碰撞后，其结果只有财产或生命损失，不会有利可图，最好的结果也只是维持汽车和人身的原状。类似地，自然灾害、意外事故，以及人的生、老、病、死、残等风险，都属于纯粹风险。

2. 投机风险

投机风险是指那些既有损失机会，又有获利可能的风险。投机风险的结果有三种可能，即损失、无损失、获利。例如，商业行为上的价格投机就属于投机风险。

（二）按风险产生的原因分类

按风险产生的原因，风险可分为自然风险、社会风险、经济风险和技术风险。

1. 自然风险

自然风险是指由于自然界的异常变化或意外事故发生所致损失的可能性。例如，洪水、地震、干旱、冰雹、雪灾等自然灾害，或由人体内在因素和外界影响所致疾病或伤害，以及各种意外事故造成的财产损失、人身损失等风险。一般来说，自然风险与人类的主观行为无关。

2. 社会风险

社会风险是指因为人类社会行为的变化而产生的损失或损失的可能性，即由于个人或团体的过失行为、不当行为以及故意行为造成社会生产、人们生活损失的风险。例如，盗窃、抢劫、罢工、殴斗、杀人、自杀等风险都属于社会风险。普通社会风险可能会演变成政治风险。政治风险是社会风险的一种，通常发生在政体的选择、法律的更改、政权的更替、政令的颁布与实施等各种政治活动中。

3. 经济风险

经济风险是指人们在从事经济活动时，经营管理不善、市场预测失误、价格波动、消费需求发生变化、通货膨胀、汇率变动等风险事故所导致的风险损失的不确定性。经济风险广泛存在于社会经济生活的各个环节和各个方面，如经济结构的不合理、人才的流失、财务制度的漏洞、市场供需的失衡、严重的通货膨胀等，都可能带来较大的经济风险。

4. 技术风险

技术风险是指伴随着科学技术的进步及由此带来的生产、生活方式的改变而造成财产毁损、人员伤亡的风险。科技在给人类带来繁荣与发展的同时，由于相关工作的失误或副作用的结果，也会给人类带来巨大的风险，甚至威胁着人类的生存。例如，环境污染、职业病、核泄漏、航天飞行器爆炸等都是伴随科技进步所产生的风险。

（三）按风险损失的对象分类

按风险损失的对象，风险可分为财产风险、人身风险、责任风险和信用风险。

1. 财产风险

财产风险是指导致有形财产毁损、灭失或贬值的风险。例如，房屋、机械设备等财产遭受火灾、洪水等毁损的风险，机动车辆碰撞、被盗的风险，都属于财产风险。

2. 人身风险

人身风险是指可能对人的生命和身体造成伤害或影响的风险，如生、老、病、死、残等风险。

3. 责任风险

责任风险是指个人或团体因行为上的疏忽或过失，造成他人财产损失或者人身伤亡，依照法律、合同应负经济赔偿责任的风险。例如，产品有缺陷而给消费者造成经济损失时，生产者、销售商、修理商应承担赔偿责任，这种责任就属于产品责任风险。此外，还有职业责任风险、雇主责任风险、公众责任风险等。

4. 信用风险

信用风险是指在经济交往中，对方违约或不可抗力事件的发生致使合同无法执行而造成经济损失的风险，即失信风险。例如，在国际贸易中，因进口商到期不付款、不提货或破产等给出口商造成损失的风险就属于信用风险；租赁汽车不按约交纳租金、房屋分期付款购买者拖欠房款等，也是信用风险。

（四）按风险所产生的环境划分

按风险所产生的环境，风险可分为静态风险和动态风险。

1. 静态风险

静态风险是指自然力的不规则变动或人们行为的错误、失当所导致的风险。静态风险不随社会、政治、经济的变化而变化，是任何社会经济环境下都不可避免的风险。例如，雷电、风暴、火灾等自然界的不规则变化，以及意外事故或人的故意侵害（如盗窃）、过失（如违章驾车）所导致的财产损失或人身伤亡的可能性。

2. 动态风险

动态风险是指经济或政治的变动所导致的风险。例如，国民经济的繁荣与萧条、政权更替带来的骚乱、日益进步的技术导致的经济或社会后果的不确定性等都属于动态风险。

第二节 风险管理

一、风险管理的含义

风险管理是指各经济主体在对风险进行识别、分析和衡量的基础上,选择各种合理的风险管理工具组合处置风险,以最小成本实现最大安全保障的科学管理方法。

风险管理主要包括以下三层含义。

第一,明确风险管理的主体。风险管理的主体包括社会成员中的每个个人、家庭、经济单位及政府。依据风险管理的主体不同,风险管理可大体归纳为两大类:一类为私有部门风险管理,另一类为公有部门风险管理。前者又可分为个人(家庭)风险管理、公司(团体)风险管理等,后者又可分为政府风险管理、国家(社会)风险管理等。

第二,确定风险管理的目标,就是通过科学的风险管理手段有效地降低风险水平,以最小的风险成本实现最大的安全保障,促进风险管理主体价值的最大化。

第三,风险管理是一个循环往复的过程,包括:(1)风险发生前识别风险、评估风险(估测风险损失频率和损失程度)、选择各种有效工具预防和控制风险;(2)风险发生后妥善处理好抢险、保护损余物资并做好风险事故发生后的损失补偿安排等事宜；(3)总结和评价风险管理效果，改进以后的风险管理工作等。其中，风险识别和风险评估是基础，风险管理工具的选择及实施是关键。

二、风险管理的目标

风险的客观存在给人类的生产与生活造成巨大损失。科学地管理风险，不仅有助于降低风险对社会、企业和家庭的危害，减少风险损失和节约费用支出，而且可以直接或间接地增进社会福利，提高人们的生活质量，消除人们对风险的忧虑和恐惧。

一般来讲，风险管理的目标可分解为损前目标和损后目标两部分。

（一）损前目标

损失发生前，风险管理的目标就是实现经济目标、安全目标、社会责任目标等。经济目标是指运用最为经济、合理、有效的手段来处理风险。安全目标就是通过风险管理方法减少人们的忧虑和恐惧，提升安全感，使其从担心风险的阴影中解脱出来，心情舒畅地投入社会生活和工作中去。社会责任目标就是通过风险管理活动，尽社会成员应尽的义务，如配合社会防灾部门做好防洪、抗旱、防火等检查工作，保护周围环境等。

（二）损后目标

当风险损失发生后，风险管理应达到维持生存目标、持续目标、收入稳定目标、损后社会责任目标等。

维持生存目标是指尽最大努力使遭受风险损失者能够在财力、物力以及心理上具备生存的条件。这是风险发生后的最基本、最重要的目标。平时做好损失发生后经济补偿的安排、相关培训以及心理训练等工作，有助于遭受风险损失者尽快具备生存条件。

持续目标是指通过经济补偿和恢复生产设施，使生产和生活秩序得以迅速恢复。维持生存仅仅是基础目标，要想持续发展，就必须保证经济主体在损失发生后能够以最快的速度恢复重建，实现生产和生活的持续增长。

收入稳定目标是指通过经济补偿或注入新的资金等风险管理措施，实现经济主体稳定的收益并保持经济收入水平的持续增长。

损后社会责任目标是指通过风险管理活动，在损失发生后尽社会成员应尽的义务。例如，当企业恢复生产后及时偿还债务或弥补因自身受灾而对他人产生的影响，如及时偿还贷款、补齐拖欠销售商的产品、补发职工工资等。

三、风险管理的基本程序

不同的风险管理主体需要掌握的风险管理的基本程序是相同的，包括风险识别、风险评估、选择风险管理工具、效果评价等环节。

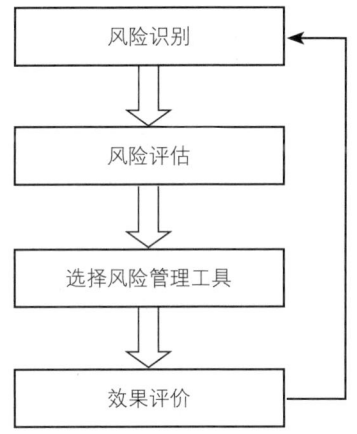

风险管理的基本程序

（一）风险识别

风险管理首先要正视自身的风险，要能够从错综复杂的环境中找出自身所面临的主要风险。只有在正确识别出自身所面临风险的基础上，人们才能够主动选择适当有效的方法进行处理。因此，风险识别是风险管理程序的第一步，也是风险管理的基础。

具体来讲，风险识别是指人们运用感知、判断、归类等各种方法，系统地、连续地对所面临的现实的和潜在的风险进行鉴别的过程。一方面，风险识别可以通过感性认识和历史经验来判断；另一方面，也可以通过对各种客观的资料和风险事故的记录来分析、归纳和整理，或者通过必要的实地考察和专家访问，找出各种现实的和潜在的风险。

风险识别的主要方法包括风险清单法、风险列举法、事故树分析法、实地检视法等。其中，常用的风险清单法包括风险分析调查表、保单检视表、资产—暴露分析表，常用的风险列举法则有财务分析法、流程图分析法等。

（二）风险评估

通过风险识别过程认清自身所面临的各种现实的和潜在的风险之后，我们还需要进一步准确描述自身的风险额度，即风险大小。准确描述自身风险额度的过程就是风险评估的过程，既包括定性的风险评估，也包括定量的风险评估。其中，定性的风险评估是指定性描述已识别风险的影响和可能性的过程，定量的风险评估是指量化分析已识别风险的概率及其可能造成的后果的过程。

通过风险识别基础上的风险评估，可以对所收集的大量详细损失资料加以分析，运用概率论和数理统计，量化分析已识别风险的概率和损失程度。风险评估不仅使风险管理建立在科学的基础上，而且为风险管理者确定风险是否需要处理、处理程度的风险决策，以及选择最佳的风险管理工具提供了可靠的科学依据。

（三）选择风险管理工具

认清了风险，也知道其大小，接下来就要选择风险管理工具。风险管理工具也称风险管理技术或者风险管理方法。一般来说，风险管理工具包括控制型和财务型两大类。其中，控制型风险管理工具包括风险回避、风险控制、控制型风险转移等；财务型风险管理工具包括风险自留和财务型风险转移，而财务型风险转移又可以分为保险转移和非保险转移。

选择风险管理工具，就是风险管理者在风险识别和风险评估的基础上，根据风险性质和决策主体对风险的承受能力而制定的组合相应的风险管理方法的应对策略或行动计划。

（四）效果评价

管理过程的最后一步一般都会归结到效果评价，风险管理过程也不例外。风险管理的效果评价是分析、比较已实施的风险应对策略或方案的结果与预期目标的契合程度，以此来评判风险应对策略的科学性、适应性和有效性。

由于风险的性质具有可变性，人们对风险的认识具有阶段性而且风险管理技术处于不断完善之中，我们需要对风险的识别、评估及管理方法进行定期检查、修正，以保证风险管理方法适应变化了的新情况。所以，风险管理是一个周而复始的管理过程，风险管理的效果评价既是上一个风险管理过程的最后一步，也是下一个风险管理循环的开始。

四、风险管理工具

（一）控制型风险管理工具

1. 风险回避

风险回避是指在充分考虑影响预定目标达成的诸多风险因素的基础上，结合决策者自身的风险偏好和风险承受能力，从而作出的中止、放弃某种决策方案或调整、改变某种决策方案以避免某种风险发生及由此带来的损失的风险处理方式。

风险无时不在、无处不在，回避一种潜在损失可能会产生另一种潜在损失，因而绝对的风险回避是不现实的，消极的风险回避也不是我们所讲的科学的风险应对方式。

风险管理者选择的风险回避是一种积极的、主动的回避。这种积极的风险回避建立在准确的风险识别和风险评估基础之上，有的放矢，在风险产生之前将其化解于无形，从而有效避免可能遭受的巨大损失或者无法预计的损失。

2. 风险控制

风险控制是指风险管理者采取各种措施和方法以降低风险事件发生的各种

保险基础知识

可能性,或者减少风险事件发生时造成的损失的风险处理方式。

风险控制既包括事前控制,也包括事中控制和事后控制。事前控制主要是为了降低损失的概率,事中控制和事后控制主要是为了将风险可能造成的损失降至最低程度。

风险控制是一种以预防为主的风险管理手段,预防是需要付出成本的。风险控制的目的是在合理的人类活动和费用水平上将损失降到最低程度。为此,我们需要比较现有条件下进行风险控制付出的成本与风险损失,以决定是否采取这一方法或者实施到什么程度。

3. 控制型风险转移

控制型风险转移是指借助减低风险单位的损失频率和缩小其损失幅度的手段将损失的法律责任转移给非保险业的另一经济单位的风险处理方式,具体形式主要有出售或租赁、分包、开脱责任合同等。

其中,出售或租赁是通过买卖契约将风险单位转移给他人或其他单位。分包是转让人通过分包合同,将其认为风险较大的标的全部或者部分转移给非保险业的其他人。显然,风险单位通过风险转移,其承担的风险将会减少。开脱责任合同则是通过合同使风险承受者免除转移者对承受者承受损失的责任。例如,外科医生在给病人动手术之前,往往要求病人(或家属)签字同意,若手术不成功,医生不负责任。在这份契约中,风险承受者(病人)免除了转移者(医生)对承受者(病人)承受损失的法律责任,在这种形式中,通过开脱责任合同,风险本身被消除了。

(二)财务型风险管理工具

1. 风险自留

风险自留也称为风险承担,是由个人或组织的自有资金来应对风险所致损失的一种风险处理方式。

自己承担风险,既可以是有计划的,也可能是被动的、无计划的。并非所有风险都需要转移,在充分考虑自身风险承受能力和转移风险的成本之后的风险自留,才能被称为一种风险管理的措施。它是风险管理者察觉了风险的存在，估计到了该风险造成的损失，决定以其内部的资源（自有资金或借入资金），来对损失加以弥补的一种重要的风险管理手段。典型的风险自留形式有自保、内部风险基金、家庭应急基金等。

2. 财务型风险转移

财务型风险转移是指个人或组织为避免承担风险损失，而有意识地将损失或与损失有关的财务后果转嫁给另一些个人或组织去承担的一种风险管理方式，包括非保险转移和保险转移两种方式。

非保险转移是指受补偿的人将风险所导致损失的财务负担转移给保险人之外的提供补偿的人的一种风险管理技术。在经济生活中，常见的非保险风险转移主要有租赁、保证合同、互助保证、基金制度等。

保险转移是通过订立保险合同，将风险转移给保险公司。保险是个人和组织常用的一种非常重要的转移风险的手段。

五、风险管理与保险

（一）保险是风险管理的一种最为重要的方法和工具

"风险管理"一词的出现虽然远晚于"保险"一词，但是风险管理的思想却比较久远，保险也是人们长期以来在对风险的处理过程中逐渐总结形成的一种最为重要的风险管理方法和工具。

无风险，无保险。但是，并不是所有的风险都可以保险，保险也不是处置风险的唯一方法。保险只是着眼于可保风险，是风险管理的一种财务手段、风险转移的一种方法。

不是人人都需要保险，但是人人都需要风险管理。人们正是基于对包括可保风险、非可保风险在内的各类风险的管理需求，和管理各种风险经验的积累，逐步总结形成了系统的风险管理理论和方法。因此，风险管理更多地表现为从风险识别到最终选择风险管理工具和方法处理风险的周而复始的过程，表现为一个管理各种风险的基本程序，表现为包括保险方式在内的风险管理工具的组合。

（二）保险公司是专业的风险管理服务机构

风险管理需要专业的机构和人员实施，既可以由风险管理主体内部的专门组织或人员实施，也可以由风险管理主体外部的专业的风险管理机构或者风险管理顾问负责提供。

保险公司是指依法设立的专门从事保险产品及其相关服务的生产、经营的专业性公司。保险公司的整个经营过程实质上反映为一个风险管理过程，是通过一系列的风险管理手段实现对不同客户风险需求的有效处理的风险管理服务机构。同时，保险公司还通过自身的经营活动和多种形式的宣传，培养人们的风险意识，提高社会的防灾防损水平，使大量的社会财富免遭损失。因此，保险公司不仅经营保险产品，也被定位为专业的风险管理服务机构。保险的销售过程也被认为是从客户的实际风险出发，为客户提供最佳的风险管理服务，实现客户风险保障程度最大化的一个风险管理服务过程。

本章思考题

- 风险的特征有哪些?
- 风险的三要素是什么?
- 风险管理的目标是什么?
- 风险管理的基本程序是什么?
- 风险管理的方法有哪些?
- 如何理解保险在风险管理中的地位与作用?

第二章　保险的产生和发展

　　风险客观存在于人类社会发展的全过程，人们从未停止对风险管理工具的探索。随着剩余产品的出现和商业经济的发展，保险这一社会化的风险管理方式逐步发展起来，并在实践中发展形成了完整的理论体系。

通过本章学习将帮助你

了解保险思想萌芽与保险雏形
掌握保险产生的条件
了解中国保险业的起步与发展
掌握当代保险市场发展的特点

第一节 保险的产生

一、保险思想萌芽与保险雏形

(一)传统的保险思想萌芽

经济贸易往来频繁的地中海沿岸诸文明古国是保险思想的发祥地。据《汉穆拉比法典》记载,"商人可以雇佣专人去国外的任何一个港口销售货物,若销售人员回来,商人和销售人员各分一半的利润;如果销售人员不幸身亡,商人应免除其债务;商队间如有马匹货物等中途被劫或发生其他损失,经当事人宣誓,确无纵容或过失等事情,可免除其个人之债务,而由全体商队补偿之",即在运输过程中,发生马匹和货物损失的由全体分摊补偿。这可以说是西方保险思想最早的萌芽。

几百年后,海上贸易商把这一分摊机制引入航海业,公元前916年的《罗地安商法》正式规定:"凡因减轻船舶载重而投弃入海的货物,如为全体利益而损失的须由全体分摊归还",即著名的"共同海损分摊原则"。共同海损是指在船舶航行中发生危及船货共同安全的危险时,船长可以下令丢弃部分货物,以保全余下货物与船员的共同安全,但由此造成的货物损失必须由全体船货各方共同分担。海上保险是海上贸易产生与发展的产物,共同海损分摊制度是海上保险的萌芽。

我国也是传统保险思想的发祥地之一。据有关学者考证，早在3000多年以前，即商末周初，中国就出现了与现代保险原理相一致的分散风险与分担损失的思想，当时在扬子江上做生意的商人，冒着生命与财产的危险扬帆于激流之中。为求货物安全，他们不将个人的全部货物集中放于一条船上，而是分散放在几条船上。如果其中一条船遇险出事，每人只受到部分损失而非全损。

虽然我国保险思想萌芽比较久远，但由于我国封建社会长期以农业为主要产业，商品经济发展迟缓，所以这些传统的保险思想与措施并没有演变成为现代商业保险与社会保险制度，乃至我国的商业保险制度到19世纪中叶才从西方舶来。

（二）现代保险的雏形

随着商品经济的发展、社会分工的扩大以及剩余产品的增加，保险这一制度得以形成并由保险思想萌芽逐步演化成现代保险的雏形。典型的、被认为是保险雏形的就是12世纪的"金融创新"——船舶抵押借款。

船舶抵押借款又称冒险借款，它是古代海上借贷的变形。船舶抵押借款规定，借款人可以以出海的船舶做抵押向放款人借钱，借款利率远远高于市场正常利率。如果船舶安全抵达目的港，借款人必须向放款人如数偿还借款的本金以及远远高于正常利息的利息部分；如果船舶在途中遇险，可根据损失程度免除借款人一部分或者全部债务，由放款人承担损失。这种抵押借款事实上已经具有保险的一些基本特征，放款人相当于保险人，借款人相当于被保险人，被抵押的船舶是保险标的，所收利息高于普通利息的那部分实质上具有保险费的性质，而船舶沉没时放款人不再收回的借款就相当于赔偿金。因此，为了满足人们的风险转移需求，船舶抵押借款中逐渐独立出来一项新的业务——保险。1347年，在热那亚出现了第一张保单。所以，船舶抵押借款被认为是海上保险的雏形。

二、保险产生的条件

（一）风险的客观存在是保险产生的自然基础

人类为了生存和发展，就要从事物质资料的生产，而物质资料的生产总是在人类认识自然、改造自然、同自然做斗争以满足自身需要的过程中实现的，从原始社会到现代社会都不例外。自然界有其运动规律，人们对自然规律的认识总是相对的、有限的，自然灾害和意外事故等风险造成的损失总是不可避免的。风险可能造成物质资料生产的中断和人身伤亡事故的发生，这不仅影响社会生产力的发展，也影响人们生活的安定。

为了避免风险给生产和生活所带来的不利影响，人们从长期实践中总结出需要对风险造成的损失进行补偿。这就需要事先建立用于补偿灾害事故损失的社会后备基金。马克思将这种社会后备基金分为三大类，即国家财政形式的后备基金、企业和家庭自留的后备基金和保险形式的后备基金，其中最重要的一类就是保险形式的后备基金。

由此可见，如果无风险存在、无损失发生、无经济损失补偿的需要，也就没有保险存在的基础。

（二）剩余产品的出现是保险产生的经济前提

风险存在于人类社会历史的任何阶段，但作为一种经济范畴和历史范畴，保险的产生还必须有其经济上的前提条件，那就是剩余产品的出现和不断增长。随着社会生产力水平的不断提高，剩余产品出现，风险造成的损失不断增加，人们对风险处理的意愿也不断增加。同时，也正是剩余产品的出现和不断增长，使得为防止意外而储备资金和物资成为可能。正如马克思所指出的那样，对由于异常的自然现象、火灾、水灾等引起的破坏所做的保险，与损耗的补偿及维修劳动完全不同。保险必须由剩余价值来补偿，是剩余价值的一种扣除。或者说，从整个社会的观点来看，必须不断地有超额生产，也就是说，生产必须以大于单纯补偿和再生产现有财富所必要的规模进行——完全撇开人口的增长不说——以便掌握一批生产资料，来消除偶然事件和自然力所造成的异乎寻常的破坏。

（三）商业保险是商品经济发展到一定阶段的产物

随着商品经济的发展，一方面，商品生产和商品交换空前繁荣，生产的社会化程度越来越高，物质财富越来越丰富，人们转移风险的需求也越来越高；另一方面，商品生产和交换的规模日益扩大，社会的专业分工越来越细，逐步出现了专门承担风险的保险人。众多的投保人将自己的风险转嫁给保险人。作为转嫁风险的一种代价，投保人则按照不同风险种类和程度支付相应的保险费。

上述过程表明，市场经济发展到一定阶段后，一方面，工业资本、商业资本、农业资本、借贷资本为了保障其生产资料和利润的安全，使其不致因灾害事故的不幸发生而承担较大的经济和社会责任，以致倒闭、破产，产生了购买保险的强烈愿望和必要条件；另一方面，有一部分资本可以从社会总资本中分离出来，专门用来经营风险，从而成为保险资本，以获取平均利润。这时，也只有在这时，专业性保险才可能产生。

第二节
保险业的发展

一、现代商业保险的发展

（一）海上保险

现代海上保险发源于地中海沿岸。12世纪末，"十字军东征"以后，意大利商人控制了东方和西方的中介贸易。这时，地中海沿岸各城市伦巴第、热那亚、佛罗伦萨、比萨、威尼斯等成为海上贸易要冲，逐渐出现类似于现代形式的海上保险。

世界上最古老的保单是1347年的一张航程保单，该保单至今仍保存在热那亚的国立博物馆。该保单承担的是"冬·克勒拉"号商船从热那亚至马乔卡的航程保险，以书面形式列明了船东与海运商的权利和义务，但是由于没有列明海运商承担的风险种类，因此该保单还不能算作具备现代保险形式的保单。

最早的一份从形式到内容与现代保险几乎完全一致的保单，是1384年3月24日出立的航程保单。但是，现代海上保险制度的最终形成，是在16世纪以后的英国。由于英国处于大西洋航海中心的优势地位和当时迅速膨胀的对外扩张、掠夺及大规模的殖民活动，这里先后形成了两大保险中心：一个是伦巴第商人聚居的伦敦"伦巴第街"所形成的保险活动中心，另一个是英国保险业者自己发展形成的伦敦劳埃德咖啡馆。其中，1688年由爱德华·劳埃德在伦敦泰晤士河畔开设的咖啡馆因逐渐成为交换航运消息、交谈商业新闻、洽商海上保险业务的场所而逐步演化成了保险市场。1691年，劳埃德咖啡馆由伦敦塔街迁往金融中心伦巴第街经营保险业务，并逐渐发展成为保险中心——劳合社。

（二）火灾保险

火灾保险起源于1118年冰岛设立的"黑瑞甫"社（Hrepps），"黑瑞甫"制度是对火灾损失负责赔偿的制度。17世纪初德国盛行互助性质的火灾救灾协会制度，1676年第一家公营保险公司——汉堡火灾保险局由几个协会合并宣告成立。但真正意义上的火灾保险是在1666年的伦敦大火之后发展起来的。1666年9月2日，伦敦城被大火整整烧了5天，财产损失1 200多万英镑，20多万人流离失所，无家可归。基于这种状况，牙医巴蓬于1667年独资设立营业处，办理住宅火险。1680年，他又会同他人共集资40 000英镑，成立了合伙性质的火灾保险所，1705年更名为菲尼克斯即凤凰火灾保险公司。巴蓬采用了按房屋危险情况实行差别费率的方法，被认为是现代火灾保险差别费率的起源，巴蓬因此也享有了"现代保险之父"之誉。总之，伦敦大火让人们意识到处理风险的迫切性，而经济的发展、社会分工的细化使得有资本、有人独立出来专门从事保险业务，现代形式的火灾保险也就逐渐发展起来。

之后，1710年，波凡创立了伦敦保险人公司，后改称太阳保险公司，接受不动产以外的动产保险，营业范围遍及全国。进入19世纪以后，在欧洲和美洲，大量火灾保险公司出现，同时以股份公司为主，保险公司的承保能力有很大提高。随着人们需要的不断扩展，火灾保险所承保的风险也日益扩展，承保责任由单一的火灾扩展到地震、洪水、风暴等多种风险责任，保险标的也从房屋扩大到各种固定资产和流动资产。19世纪后期，随着资本主义的对外扩张，火灾保险也被传到发展中国家和地区。

（三）人身保险

人身保险的起源被认为与奴隶贩卖有关。15世纪后期，欧洲的奴隶贩子把运往美洲的非洲奴隶当作货物进行投保，如遇到意外伤害，由保险人给予经济

保险基础知识

补偿，后来船上的船员也可投保。这就是人身保险的早期形式。

养老保险的起源则要追溯到"佟蒂法"。17世纪中叶，意大利银行家伦佐·佟蒂提出了一项联合养老办法，即"佟蒂法"，并于1689年正式实行。"佟蒂法"的特点就是把利息付给该群体的生存者。

其实，早期人们也运用互助形式解决人身风险，但是直到世界上第一张生命表的出现，才使得人身风险的定价变得科学、可行。1693年著名的天文学家哈雷以德国西里西亚勃来斯洛市1687—1691年按年龄分类的死亡统计资料为依据，编制出了世界上第一张生命表。他精确标示了每个年龄的人的死亡率，并首次将生命表用于计算人寿保险费率，为现代人寿保险奠定了数理基础。

18世纪40~50年代，辛普森根据哈雷的生命表做成了依死亡率增加而递增的费率表。之后，陶德森依照年龄差等计算保费，并提出了"均衡保险费"的理论，进一步促进了人身保险的发展。

1762年，英国成立了世界上第一家人寿保险公司——伦敦公平保险公司。伦敦公平保险公司以生命表为依据，采用均衡保险费的理论来计算保费，并且对不符合标准的客户另行收费，对于交纳保险费的宽限期、保单失效后的复效等也做了具体的规定，并在保单上详细载明。伦敦公平保险公司的成立，也标志着现代人寿保险制度的建立。

（四）责任保险

责任保险发端于19世纪，发展于20世纪70年代。1855年，英国开办了铁路承运人责任保险；1898年，法国制定《劳工补偿法》，规定了工业事故的无过失责任，经1906年的法律扩张后成为完备制度，适用范围随之扩展到交通事故领域。1930年，法国《保险契约法》出台，该法有关于责任保险的专门的规定，标志着责任保险在法国开始法律化、制度化。

其他种类的责任保险，起初都是以附加责任的方式承保，随后才逐渐以独立险种的方式出现。1880年，英国通过《雇主责任保险法令》并成立雇主责任保险公司；1889年，北方意外保险公司对药剂师开错药方的过失责任提供职业损失补偿，开创了职业责任保险的先河；1890年，海上事故保险公司就啤酒含砷引发的第三者中毒向特许售酒商提供保险，这是较早的产品责任保险；20世纪30年代，美国出现了专门以公司经营者的赔偿责任为对象的保险产品，这是董事责任保险的最初形式。此外，随着环保浪潮兴起，环保赔偿和诉讼费用急速增加，从20世纪60年代开始，美国在公众责任险项下扩展了环境污染责任。1973年，世界第一份综合污染保单在美国签发，环境污染责任险也作为一个独立险种开始出现。

（五）信用保证保险

随着经济金融的发展和商业信用交易的不断扩张，信用保险和保证保险也发展起来。1702年，英国开设主人损失保险公司，承办诚实保险，这是雇员忠诚保证保险的起源。1842年，英国保证保险公司成立。1876年，美国在纽约开办了诚实保证业务，1893年又成立了专营信用保险的美国信用保险公司。1934年，各国私营和国营出口信用保险机构在瑞士成立了国际信用保险协会(ICSA)，标志着国际信用保险、保证保险的经营日趋成熟和完善。目前，信用保险、保证保险的承保范围已经相当广泛，包括履约贷款保证保险、出口信用保险、个人消费信用保险、产品质量保证保险等众多险种。

（六）再保险

现代保险制度从海上保险开始。随着海上保险的发展，人们产生了对再保险的需求。最早的海上再保险可追溯到1370年。当时，一家叫格斯特·克鲁丽杰的保险人，承保自意大利热那亚到荷兰斯卢丝的航程，并将其中的一段经凯的斯至斯卢丝之间的航程责任转让给其他保险人，这是再保险的开始。17世纪初，英国皇家保险交易所和劳合社开始经营再保险业务。1681年，法国国王路易十六公布法令，规定"保险人可以将自己承保的保险业务向他人进行再保险"。18世纪，荷兰鹿特丹的保险公司1720年将承保到西印度的海上保险向伦敦市场进行再保险；丹麦1726年成立皇家特许海上保险公司，从事再保险；德国1731年汉堡法令允许经营再保险业务；1737年西班牙贝尔堡法律和1750年瑞典的保险法律都有类似的规定。随着保险形式多样化和保险公司之间的竞争加剧，各国逐渐出现了专业再保险公司。1846年，德国创立了科隆再保险公司，这是世界上第一家专营再保险业务的保险公司，推动了再保险的发展。

二、中国保险业的起步与发展

（一）起步阶段：1805—1949年

对于我国来说，现代形式的保险是舶来品。1805年，英国保险商在广州开设了第一家保险机构，即谏当保安行（Canton Insurance Society），又称广州保险会社，主要经营海上保险业务。之后，逐步形成了以上海为中心、以英国保险商为主的外商保险公司垄断我国保险市场的局面。

1865年5月25日，我国第一家民族保险企业——上海华商义和公司保险行成立，打破了外国保险公司对中国保险市场的垄断局面，标志着我国民族保险业开始起步。1905年，我国第一家寿险公司——黎元洪等官僚资本自办的华安合群人寿保险公司成立。之后，我国民族保险业得到一定的发展，到1949年5月，上海约有中外保险公司400家，其中华商保险公司126家。

与此同时，再保险业务也得到一定的发展。1933年6月，民族保险业在上海成立了唯一一家经营再保险业务的华商联合保险股份有限公司。抗日战争期间，由于和外商的分保关系中断，又不愿意与日本的保险公司合作，民族保险业先后成立了久联、太平、大上海、中保、华商联合等分保集团。抗日战争胜利后，民族再保险公司主要有中央信托局、中国再保险公司、华商联合保险公司等。

1949年10月1日以前，中国保险业的基本特征是保险市场基本被外国保险公司垄断，保险业尚未形成完整的市场体系和监管体系。外国保险公司通过组织洋商保险同业公会，垄断了保险规章、条款以及费率制定等。民族保险公司虽然也组织了华商同业公会，但由于力量弱小，只能处于被支配地位。

（二）发展停滞阶段：1949—1979年

1949年10月，中华人民共和国成立，我国的保险事业翻开了新的篇章。

首先，完成了对旧保险业的改造。一是接管官僚资本保险企业。以上海为重点，接管工作从1949年5月开始至同年10月底基本结束。除了中国产物保险公司和专营船舶保险、船员意外保险的中国航联意外责任保险公司经批准恢复营业外，其他官僚资本保险机构都予以停业。上海以外的官僚资本保险机构都由当地军事管制委员会接管。二是改造私营保险企业。各地相继制定私营保险企业管理办法，重新清产核资，要求按业务类别交存相应的保证金等，加强了监管检查。1951年和1952年，公私合营的太平保险公司、新丰保险公司相继成立。两家公司都是在多家私营保险公司的基础上组建的，业务范围限于指定地区和行业，在经营上取消了佣金制度和经纪人制度。1956年全国私营工商业的全行业公私合营完成后，国家实行公私合营企业财产强制保险，指定中国人民保险公司为办理财产强制保险的法定机构。同年，太平和新丰两家保险公司合并，合并后称为太平保险公司，不再经营国内保险业务，专门办理国外保险业务。三是外国保险公司退出中国保险市场。中华人民共和国成立后，人民政府要求外资保险公司重新登记和交纳保证金。1950年5月，全国尚有外商保险公司61家。随着国有保险公司业务迅速增长，外商保险公司不仅失去了依靠政府特权获取的高额利润，也失去了占比很高的分保收入。在国营外贸系统和新的海关建立后，外商保险公司的直接业务来源越来越少。到1952年底，外国在华保险公司陆续申请停业，撤出中国保险市场。

其次，成立中华人民共和国第一家国有保险公司，即中国人民保险公司。1949年10月20日中国人民保险公司正式成立后，重点承办了国营企业、县以上供销合作社及国家机关财产和铁路、轮船、飞机旅客的强制保险。在城市，开办了火灾保险、运输险、团体与个人寿险、汽车险、旅客意外险、邮包险、航空运输险、金钞险、船舶险等；在农村，试办了农业保险，主要是牲畜保险、棉花保险和渔业保险。为摆脱西方国家对中国保险市场的控制，中国人民保险公司还致力于发展国外业务，与许多友好国家建立了再保险关系，同时也接受私营公司的再保险业务。

不过，随着社会主义改造的完成，以及受苏联国家保险理论的影响，中国人民保险公司逐步停办了国内业务。特别是1958年10月，西安全国财贸工作会议提出，人民公社化后，保险工作的作用已经消失，除国外保险业务必须继续办理外，国内保险业务应立即停办。同年12月，全国财政会议正式作出"立即停办国内保险业务"的决定。从1959年起，国内保险业务除上海、哈尔滨等地继续维持了一段时间外，其他地方全部停办。

（三）恢复发展阶段：1979年以后

根据1978年党的十一届三中全会确立的改革开放政策，1979年4月，国务院作出"逐步恢复国内保险业务"的重大决策。1979年5~6月，中国人民银行先后推出企业财产保险、货物运输保险和家庭财产保险三个险种；同年11月，全国保险工作会议对1980年恢复国内保险业务的工作进行了具体部署。到1980年底，除西藏外，中国人民保险公司在全国各地都已恢复了分支机构，其分支机构接受总公司和中国人民银行当地分支机构的双重领导。1983年9月，中国人民保险公司升格为国务院直属局级经济实体，从1984年1月开始，其分支机构脱离中国人民银行，改由总公司领导，实行系统垂直管理。

为了进一步推动保险业的改革开放，加快保险市场发展，1986年2月，中国人民银行批准设立了第二家国有保险公司——新疆生产建设兵团农牧业保险公司(1992年该公司更名为新疆兵团保险公司，2002年更名重组为中华联合财产保险公司)，专门经营新疆生产建设兵团农场内部的种养两业保险，之后逐步扩大业务范围，局部打破了中国人民保险公司独家垄断的局面。

1987年，中国人民银行批准交通银行及其分支机构设立保险部；1988年5月，又批准设立了平安保险公司。1991年，中国人民银行要求保险业与银行业分业经营、分业管理；批准交通银行在其保险部的基础上组建中国太平洋保险公司，成为继中国人民保险公司之后成立的第二家全国性综合性保险公司。1992年9月，平安保险公司更名为中国平安保险公司，成为第三家全国性综合性保险公司。

1995年，我国第一部保险法颁布。1996年7月，中国人民保险公司改组为中国人民保险(集团)公司，下设中保财产、中保人寿和中保再保险公司，实行产险、寿险分业经营。

1996年，中国人民银行还批准设立新华人寿保险股份有限公司、泰康人寿保险股份有限公司、华泰财产保险股份有限公司、永安财产保险股份有限公司、华安财产保险股份有限公司5家股份制保险公司。

从1980年开始，外国保险公司纷纷到中国设立代表处。1992年9月，美国友邦在上海设立分公司，经营人寿保险业务和财产保险业务。友邦保险有限公司上海分公司引进寿险代理人制度，对我国保险市场产生了巨大的冲击。

随着金融体制改革的逐步深入和保险业的不断发展，保险监管不断强化。为加强保险监管，落实银行、保险、证券分业经营、分业管理的方针，1998年中国保险监督管理委员会成立。中国保险监督管理委员会的成立，是我国保险发展史上的一个重要里程碑，从此，中国保险业进入一个新的历史发展时期。1998—2018年的20年时间，我国保险业实现了飞速发展，成为全球第二大保险市场。

三、当代保险市场发展的特点

世界保险业的发展历程主要呈现出以下几个显著特点。

（一）随着经济总量的增长，保险市场规模不断扩大

保险供给的增加缘于市场需求的增长，而需求的增长与国民经济发展水平密切相关。随着国民经济的发展、经济规模的扩大，消费者的收入水平不断提高，社会对于风险转移的需求也不断增加，因此保险就从"潜在需求"变为"现实需求"，从而使社会更多地选择用保险来管理风险，促使保险市场规模不断扩大。

（二）随着经济活跃度增强，保险产品创新范围不断扩大

18世纪60年代始于英国的产业革命一方面大大促进了社会生产力的发展，另一方面也使社会的风险结构由以自然风险为主的结构，向既有自然风险又有人为风险、既有基本风险又有特定风险、既有纯粹风险又有投机风险、既有实

际财产损失风险又有预期利益损失风险，多风险并存的风险结构转变。继海上保险之后，1885年，德国人本茨发明了世界上第一辆三轮汽车，1898年签发了世界上第一张汽车保单；1903年美国莱特兄弟发明了世界上第一架飞机之后，出现了航空保险；1957年人类发明卫星之后，出现了卫星保险；在信用交易产生之后，信用保险、保证保险应运而生；在相关民事赔偿法律建立起来之后，责任保险需求日益广泛；在网络购物、交易、互联网金融兴起之后，网络支付安全保险、退货运费损失险等新险种也纷纷出现。随着保险经营技术的进步和政府的介入，现代保险的承保范围也在不断扩大，极大地延展了可保风险的范围，保险保障覆盖的领域和服务范围越来越宽。

（三）随着社会财富的增加，保险索赔金额日益增长

由于社会财富的不断积累，保险保障的资产价值越来越大，风险事故造成的损失后果也越来越大，为获得足额的经济保障，保险金额也越来越高，有时一家保险公司无法承担，需要来自国内外的几家承保人联合承保。例如，核设施、航空航天产业、摩天大楼每次事故的损失都可以达到惊人的数目。由于法律法规制度的不断健全，民事赔偿法律制度、市场交易的发展，加上通货膨胀水平、居民消费水平的增长，专家预计，责任保险、信用保险的索赔存在巨大的增长空间，或许成为未来保险增长和赔偿增长的主要来源。

（四）再保险业务迅速发展，保险业国际化程度加快

随着高新技术的快速发展、生产规模的不断扩大、生产方式的变化、经济活动规模和范围的不断拓展，保险业承担风险的方式也在发生变化，不仅出现了保险公司的联合共保，还出现了承接保险公司风险的再保险公司，以分散保险公司风险为重要特征的再保险业务进而发展起来。自19世纪中期第一家专业再保险公司成立以来，再保险业务在世界各地迅速发展，且跨越了国界，使国内外保险市场的联系趋于紧密，风险分散范围进一步扩大，加快了保险业的国际化程度。

（五）随着资本市场发展，保险业的融资功能日益增强

保险业在其发展过程中，不仅在发挥经济保障功能上体现出其专业优势，其金融属性也得到不断加强，在金融体系中的融资功能也得到发展。在许多市场经济发达国家，保险公司已经成为资本市场上重要的机构投资者、国家重点基础设施和重大工程重要的资金提供者。保险融资功能的形成和完善极大地促进了资源的优化配置，提高了经济体系的效率。

保险基础知识

本章思考题

- 保险产生的条件是什么？
- 中国保险业发展的三个阶段是什么？
- 当代保险市场发展的特点及趋势是什么？

第三章　保险的性质、功能、作用和分类

理论上讲,保险的本质既是保险业的本源,更是保险发展的决定性因素。所谓保险的本质,就是指保险的性质、功能和作用的统一。

通过本章学习将帮助你

了解保险的概念和特性

掌握保险的基本功能和派生功能

了解保险在宏观经济中以及在微观经济中的作用

掌握保险的分类

第一节
保险的性质

一、保险的概念

由于人们对保险的认识角度不同,保险的定义也不尽一致。有人认为"保险是一种损失赔偿合同",有人认为"所有的保险都是损失保险",有人认为"保险是一种危险转嫁机制",还有人认为"保险应该有统一的性质,财产保险和人身保险的性质是不同的,应该分别下定义"。

本教材认为"无风险,无保险",风险是损失的不确定性,也可以说"无损失的可能性,无保险",或者说"无损失,无保险"。因此,保险要解决的问题就是可能损失的问题。

保险如何解决可能损失问题呢?理论上,保险是利用风险汇聚的方式降低损失的波动(方差),进而将可能损失集中在期望损失附近的一种处理风险的重要方式。保险不仅可以处理微观层面的风险,而且可以处理社会性的宏观层面的风险。

也就是说,保险这种风险处理的方式旨在降低风险、"锁定损失",但并不能消除损失。保险是将不确定的损失转化为确定的损失(保险费)的风险处理过程。将"不确定的损失转化为确定的损失",需要通过法律合同形式,因而也表现为一种民事合同行为。

综上所述，本教材将保险定义为"保险是集合具有同类风险的众多单位和个人，以合理计算分担金的形式，实现对少数成员因该风险事故所致经济损失的补偿行为"。

二、保险的特性

保险在本质上是社会经济生活领域中客观存在的风险的一种有效的处理方式，即通过经济补偿对社会经济正常运行、人们的经济生活的正常维持及社会安定和谐提供经济（物质）保障。保险的本质决定了其具有以下特性。

（一）互助性

保险利用的是将自身所面临的风险转嫁给整个群体，而整个群体又将可能的损失在群体内部进行分散的原理，体现"一人为众，众人为一"的特点。也就是说，聚合在一起的"众人"分担了"一人"难以承担的风险，使之构成一种经济互助关系。不论是商业保险还是社会保险，或者互助保险，都具有上述特征，体现众多风险单位承担主体之间的互助性。

（二）专业性

保险的"众人"不是简单的聚合，保险的风险聚合和分散以概率论和大数法则等科学的数理理论为基础，是对风险的科学定价，是对损失的科学定损和合理分摊。不同于其他金融工具和产品，保险的专业性、技术性要求独特。因此，各国对保险的市场准入都有严格的法律要求，保险机构及其业务也受到专门法律的严格监管，不是任何人、任何部门都可以经营的。

（三）契约性

保险也是一种法律行为，需要通过法律合同体现当事人双方的权利和义务，根据法律规定一方承担支付保险费等义务，换取另一方的经济保障和损失补偿。保险关系的确立要以签订书面合同为基础，等价交换，公平交易。保险合同双方权利和义务对等，且受到相关法律的约束。

（四）补偿性

保险的本质在于损失补偿和风险保障。保险可以降低风险，但是不能消除损失。保险就是对风险造成的损失进行货币化的补偿，或恢复或赔偿已灭失损坏的原物。无论是财产保险还是人身保险，都是应对和解决可能损失的具体方式。

（五）商品性

保险事先收取的保费和事后的经济损失补偿似乎不对等，因此有人认为保险不是等价交换。事实上并非如此，保险是法律合同，是契约行为，但也是权利、义务对等的交易，具有交易的价值，具备现代经济活动和一般商品的基本特性。保险人可以作为市场经济活动中独立的主体，按照市场需求开发保险产品，满足客户的风险保障需求，获取正当的经济利益。

第二节 保险的功能

保险的本质决定保险的功能。所谓功能，是由客观事物或现象的本质属性所决定的内在的、固有的、独特的使命。保险本质所决定的保险功能，反映出保险运行过程中不以人的意志为转移的、固有的、内在的、独特的使命。保险的发展也使得保险的功能得以发挥和拓展。

一、基本功能

保险本质所决定的保险的基本功能就是经济保障功能，包括损失补偿功能和经济给付功能。

（一）损失补偿功能

在保险合同约定的风险事故发生后，由保险人按照保险合同要求对被保险人的财产损失进行赔付，即损失补偿。损失补偿是财产保险的基本功能，是其存在的基础。对微观个体来说，保险的这一功能可以使其损失得到及时补偿，保持其生产、生活的稳定，避免经营的不安定；对宏观社会来说，保险可以使局部的、部分的损失得到及时的补偿，实现社会财富的再分配，有利于经济社会的平稳发展。

(二）经济给付功能

人的生命或身体是不能用货币来衡量的，因此在以人的生命或身体为保险标的人身保险中，风险保障额度的确定就相对复杂一些。根据著名的保险经济学家侯伯纳教授的人的生命价值理论，我们可以通过衡量个人未来实际收益和服务价值确定人的生命价值，即人身保险的保额是根据投保人的需要和交费能力由保险双方协商确定的。因此，在人身保险中，保险的经济保障功能就直接表现为给付保险金。

二、派生功能

保险的派生功能是在保险固有的基本功能的基础上延展产生的，包括资金融通功能和社会管理功能。

（一）资金融通功能

资金融通是指资金的积聚、流通和分配过程。保险运行将会产生保险资金的汇集和运用，保险资金也具有一般资金的基本特性，同时保险资金具有规模大、期限长、负债性等特点，安全性、流动性、收益性要求较高。因此，在保险实现经济保障功能时，也衍生出资金融通功能。通过保险资金的积累和合理有效的运用，可以更好地促进经济保障功能的实现。

随着经济的发展，保险发挥资金融通功能的空间越来越大，同时也使得人们产生一种认识误区，即忽视保险的基本功能而过度关注保险的资金融通功能，将保险与一般的理财、投资活动等同，偏离了保险的本质。为此，我们必须明确，保险的保障功能是基础，资金融通功能是派生，不能本末倒置。

（二）社会管理功能

保险属于分配环节。保险的保障功能是通过分配和再分配实现的，保险的分配关系是一种客观存在的经济关系，同时反映人们之间的一种社会关系。保险保障功能的实现客观上推动了社会经济体系的协调运转，保障了社会的平稳和交易的顺利完成，因而保险衍生出来一项新功能，即社会管理功能，具体体现在保障民生、管理社会关系、防灾防损、增进社会信用四个方面。

1. 保障民生

商业保险是社会保障体系的重要支柱，在完善社会保障体系方面发挥着重要作用。一方面，商业保险可以在社会保险的基础上进一步提高人们的保障水平，满足人们更高、更全面的保障需求；另一方面，商业保险在发挥保障功能的同时，也提升了总体的社会保障水平，对社会经济的正常运行、人们经济生活的正常维持及社会的安定和谐提供了有力的保障，作出了应有的贡献。

2. 管理社会关系

保险通过法律合同形式表现出来，本身就是一种公平、公正、公开地解决有关问题的方式。合理运用保险有利于民事赔偿制度的落实，可以降低受害人的索赔成本，加快赔偿或给付速度，减少社会矛盾纠纷；可以改进人与人之间的关系，营造和谐、积极的社会氛围；可以通过大病保险等形式直接为社会和政府提供更有效率的服务，帮助政府开展公共事务管理，提升公共事务管理的效率。因此，保险已经逐步成为社会治理的有效工具。

3. 防灾防损

保险运行中的风险定价、风险选择、损失补偿、经济给付等都将产生大量的数据，有助于帮助个人、企业乃至公共领域改进流程，防范风险，完善自身风险管理方案，降低事故发生率，减少风险与损失；有助于推动政府、行业完善相关法律、标准体系，引进新的防灾防损技术，降低整个社会的风险水平，提高经济社会的总体福利水平。

4. 增进社会信用

保险运行基于诚信，增进社会信用也已经成为保险发挥社会管理功能的一项新体现。一方面，保险为信用社会提供保障。例如，通过食品安全责任保险、产品责任险、医师执业责任险、旅行社责任险、贸易信用险、保证险等提升社会信用水平，通过医师执业责任保险、会计师责任保险、律师职业责任保险、建设工程质量保险等确保执业者的赔付能力和职业信用。另一方面，保险交易及日常经营能够促进社会信用体系的完善，增进相关主体的信用水平。例如，保险交易过程中当事人的骗保、骗赔等行为会被纳入征信系统，影响到当事人日后的信用记录，从而完善社会的信用系统。因此，在信用社会时代，保险已经成为信用媒介和信用的提供者，对微观个体来说，有助于减轻侵权或违约的代价，实现个人消费和生产目的；对宏观社会来说，有助于完善社会信用体系，降低交易成本。

第三节
保险的作用

保险的作用是指保险与外部环境发生关系时所产生的外部效应，保险的功能是其作用产生的内部根据和前提基础。

一、保险在微观经济中的作用

保险在微观经济中的作用，主要是指保险作为风险管理手段对个人、家庭或企业等微观主体所产生的经济效应，具体表现在以下几个方面。

（一）有助于受灾主体及时恢复

在人们的生产、生活过程中，自然灾害和意外事故是不可避免的，风险是客观存在的；不过，在什么时候、什么地点发生、波及面有多广、受损程度有多大，都是不确定的。保险经济保障功能的发挥可以帮助个人、家庭或企业等微观主体在遭遇灾害事故损失时，按照保险合同约定的条件及时得到保险赔偿，获得资金，重新购置资产，恢复生产和生活，降低后续损失。

（二）有助于加强经济核算

保险能够把企业不确定的巨额灾害损失转化为固定的、少量的保险费支出，并摊入企业的生产成本或流通费用，这是完全符合企业经营核算制度的。因为企业通过参加保险，把风险损失转嫁给保险公司，不仅不会因灾害影响企业经营成本的均衡，而且还将保证企业财务成果的稳定。如果企业不参加保险，为了不因灾损而使生产经营中断、萎缩或破产，就需要另外准备一套风险准备金，这种完全自保型的风险管理手段，一般对单个企业来说，既不经济也不可能。

（三）有助于加强风险管理

保险可以在短时间内迅速消除或减轻灾害事故的影响，但是不能消除损失，而且也不可能因保险而从风险损失中获得额外的利益。因此，防范风险于未然是保险各方利益一致的行为。保险公司常年与各种灾害事故打交道，积累了丰富的风险管理经验，不仅可以向企业提供各种风险管理经验，而且可以通过承保时的风险调查与分析、承保期内的风险检查与监督等活动，尽可能消除风险的潜在因素，达到防灾防损的目的。此外，保险公司还可以通过保险合同的约束和保险费率杠杆调动企业防灾防损的积极性，共同搞好风险管理工作。

（四）有助于家庭生活的安定

家庭是劳动力再生产的基本单位，家庭生活的安定是人们从事生产劳动、学习、休息和社会生活的基本保证。但是，自然灾害和意外事故对于家庭来说同样是不可避免的，所以保险也是家庭风险管理的重要手段。无论是房屋汽车等家庭财产的保险，还是家庭顶梁柱及家庭成员的保险，无疑都对家庭的正常经济生活起着保障作用。

（五）有助于民事赔偿责任的履行

人们在日常生产活动和社会活动中总是存在民事侵权和其他侵权而发生民事赔偿责任或民事索赔事件的可能性。具有民事赔偿责任风险的单位或个人可以通过相应的保险将此风险转嫁给保险公司，使被侵权人的合法权益得到保障和赔偿。其中，政府采取立法的形式强制实施的保险，如雇主责任险、机动车第三者责任险等，更有助于保障民事赔偿责任的履行。

二、保险在宏观经济中的作用

保险在宏观经济中的作用是保险功能的发挥对经济社会总体所产生的经济效应，具体表现在以下几个方面。

（一）有助于保障社会再生产的正常进行

社会再生产过程由生产、分配、交换和消费四个环节组成。保险属于分配环节，本身就是社会再生产的重要组成部分。保险在社会再生产中的作用就是要保障社会再生产在时间上的连续性和在空间上的均衡性不会因遭遇各种灾害事故而被迫中断和失衡。例如，一家制造企业因巨灾损失而无力及时恢复生产，不能履行债务和供货合同，将会导致社会正常的价值流系统和物质流系统的中断，其连锁反应将会影响整个社会再生产过程的均衡发展。保险的经济保障功能可以及时和迅速地对这种中断和失衡发挥修补作用，从而保证社会再生产的连续性和稳定性。

（二）有助于推动商品的流通和消费

商品必须通过流通环节的交换才能进入生产过程或生活消费过程，而在交换行为中的风险也是不可避免的，如交易双方的资信风险和产品质量风险等。显然，保险可以为防范这些风险提供便利。比如，出口信用保险为出口商提供了债权损失的经济补偿；履约保证保险为债权人提供了履约担保；产品质量保证保险不仅为消费者提供了产品质量问题上的经济补偿承诺，而且为厂商的商品做了可信赖的广告。总之，保险在推动商品流通和消费方面的作用不可低估。

（三）有助于推动科学技术向现实生产力转化

"科学技术是第一生产力。"采用新技术比采用落后的技术显然具有更高的劳动生产率，当代社会的竞争越来越趋向于高新技术的竞争，在商品价值方面，技术附加值比重也越来越大。但是，将科学技术转化为生产力，其过程本身就充满风险。例如，对于熟悉了原有技术工艺的企业来说，采用新技术就意味着新的风险，有提高生产效率的可能，也有失败的可能。保险则可以对采用新技术带来的风险提供保障，有助于企业开发新技术、新产品以及使用专利，有助于促进先进技术的推广运用。

（四）有助于财政和信贷收支平衡的顺利实现

财政收支计划和信贷收支计划是国民经济宏观调控的两大资金调控计划。相对于资金运动来说，物质资料的生产、流通与消费是第一性的，生产、流通和消费的规模与结构决定着财政和信贷所支配的资金运动的规模与结构。显然，风险事故发生后的每次破坏都将或多或少地造成财政收入的减少和银行贷款归流的中断，同时还要增加财政支出和信贷支出，从而给国家宏观经济调控带来困难。不过，在经济单位参加保险的前提下，保险的经济保障功能使得恢复生产、流通与消费有了资金保证，生产、流通与消费一旦恢复正常，就保证了财政收入的基本稳定，银行贷款也能得到及时的清偿或者重新获得物质保证。可见，保险确实对财政和信贷收支的平衡发挥着保障性作用。此外，积蓄的巨额保险资金也是财政和信贷基金资源的重要补充。

（五）有助于增强国际收支能力

在对外贸易和国际经济交往中，保险是必不可少的环节。无论是国际货运保险、出口信用保险，还是参与国际再保险，都将对国际贸易的顺利开展和国际收支平衡起到积极的作用。例如，按照国际惯例，进出口贸易都必须办理保险。保险费与商品的成本价和运费一起构成进出口商品价格的三要素。一国出口商品时争取到到岸价格或进口商品时争取到离岸价格，即由己方负责保险，则可减少保险外汇支出。

（六）有助于完善国家社会管理职能

发挥保险的社会管理功能，可以进一步完善政府和社会的风险管理工具，促进国家有关行政部门社会管理职能的完善。例如，国家举办的强制性保险就是合理运用保险机制管理社会经济生活和保证社会安定的一个最为典型的例子；再如，强制性的机动车第三者责任险则是国家为了在一定程度上保护被侵权人的合法权益而以法律的权威加以规范的险种。为了应付巨灾风险的善后财务而建立的巨灾保险制度、为了刺激出口而设立的出口信用政策性保险，还有政策性农业保险等，都是保险成为国家社会宏观管理工具的具体体现。

综上所述，保险在宏观和微观经济活动中的作用可以归结为以下两点：一是发挥经济社会稳定器作用，保障社会经济的安定；二是发挥经济社会的助动器作用，为社会再生产的持续健康增长保驾护航。

第四节
保险的种类

保险的种类很多,而且国际上对保险的分类没有固定的原则和统一的标准,各国通常根据各自需要采取不同的划分方法。为了进一步认识保险的本质及其特征,我们有必要认识一下保险的不同分类。

一、根据保险标的分类

根据保险标的的不同,保险可以分为人身保险和财产保险。

(一)人身保险

人身保险是以人的生命和身体作为保险标的的保险,主要目的是为生、老、病、死、残等人身风险提供保障,解决因此所造成的财务困难。按照保障责任的范围,人身保险又可以进一步细分为人寿保险、意外伤害保险和健康保险。

1. 人寿保险

人寿保险是以人的生命为保险标的的保险,一般可分为死亡保险、生存保险、两全保险三种类型。其中,死亡保险是以被保险人在保险有效期内死亡为给付条件的一种保险,包括定期寿险和终身寿险。生存保险是以被保险人在保险有效期内生存为给付条件的一种保险,包括年金保险、定期生存保险,如子女教育金保险、养老保险等。两全保险又称生死合险,是死亡保险和生存保险的混合保险。

2. 意外伤害保险

意外伤害保险即人身意外伤害保险,是被保险人因自然灾害或意外伤害事故而导致身体受到伤害时,保险公司给予相应保险金的一种保险,主要包括意外伤害死亡残疾保险、意外伤害医疗保险、综合意外伤害保险。

3. 健康保险

健康保险是以被保险人的身体为保险标的,保证被保险人在疾病或意外事故所致伤害时的直接费用或间接损失获得补偿的保险。健康保险产品主要包括疾病保险、医疗保险、收入保障保险和长期护理保险。

(二) 财产保险

财产保险是以财产及其相关利益作为保险标的的保险,是在保险期间保险人对因保险合同约定的保险事故发生所造成的保险标的的损失承担经济赔偿责任的一类保险。

财产保险有狭义、广义之分。狭义的财产保险是以各类物质财产(有形财产)作为保险标的的保险;而广义的财产保险除了承保有形财产以外,还承保与有形财产有关的利益、费用、责任、信用等无形财产。狭义的财产保险仅指财产损失保险,而广义的财产保险除了财产损失保险之外,还包括责任保险、信用保险和保证保险。

1. 财产损失保险

财产损失保险以各类有形物质财产作为保险标的,在保险期间,因保险事故发生致使保险标的遭受的损失,由保险人承担经济赔偿责任,包括企业财产保险、家庭财产保险、运输工具保险、货物运输保险、建筑工程保险等。

2. 责任保险

责任保险是以被保险人的民事损失赔偿责任作为保险标的的保险。由于被保险人的过失、疏忽等行为,给他人造成了经济损失,法律或者契约规定的应由被保险人对受害人承担的经济赔偿责任，由保险人负责赔偿。责任保险包括公众责任保险、雇主责任保险、产品责任保险、职业责任保险、污染责任保险等。

3. 信用保险和保证保险

信用保险和保证保险都是以信用行为作为保险标的的保险。其中，信用保险是债权人因债务人不能偿付或拒绝偿付债务而遭受的经济损失为保险标的的保险，包括商业信用保险、出口信用保险、信用卡保险等。保证保险是由被保险人要求保险人对本人的信用提供担保的一种保险。如果被保险人不履行合同义务致使权利人受到经济损失，应由保险人承担赔偿责任。简单来讲，信用保险保的是对方的信用，而保证保险保的是自己的信用。

二、根据经营目的分类

根据经营目的的不同，保险可以分为商业保险、社会保险和政策保险。

（一）商业保险

商业保险是营业性保险，以盈利为目的，并遵循自愿原则。商业保险是一种合同关系，由投保人与保险人双方根据平等自愿、协商一致的原则订立，保险对象可以是自然人，也可以是财产或责任，保险费完全由投保人承担。

（二）社会保险

社会保险是强制性保险，是国家通过立法形式，对社会成员在年老、疾病、残废、伤亡、生育、失业情况下的基本生活需要给予物质帮助的一种社会保障制度。社会保险的保险对象通常只能是自然人，保险费通常由国家、雇主和个人三方面负担，保险待遇根据国家法律规定的标准、个人贡献和社会经济发展水平来确定。

（三）政策保险

政策保险是依据经济政策目标实施的、由政府财政税收等政策支持的保险，如出口信用保险、投资保险、政策性农业保险等。这类保险业务要完全由商业保险机构以自由竞争方式来经营，开展的难度较大，所以一般由政府经营，也可以在政策支持（如补贴保险费和管理费等）下由商业保险机构经营。

三、根据实施方式分类

根据保险实施方式的不同，保险分为自愿保险和强制保险。

（一）自愿保险

自愿保险是指投保人和保险人在平等自愿的原则下通过订立保险合同而建立保险关系的保险。是否参加保险、参加何种保险、投保的保险金额有多少等，都由投保人决定；是否予以承保、适用何种费率等内容，则由保险人决定。只有在双方协商一致的情况下，才能订立保险合同。我国《保险法》第十一条明确规定："订立保险合同，应当协商一致，遵循公平原则确定各方的权利和义务。除法律、行政法规规定必须保险的外，保险合同自愿订立。"大部分的保险业务都采用自愿保险的方式，以适应人们不同种类、不同层次的保险需求。

（二）强制保险

强制保险也称法定保险，是法律、行政法规规定必须实施的保险。这类保险是国家为实施某项政策所采用的保险手段，具有强制性、全面性等特点。根据国家颁布的有关法律法规，在规定范围内的个人或单位必须投保，投保人与保险人之间的权利、义务关系是基于国家法律、行政法规的效力而产生的，不论保险双方是否同意，都必须办理，而且只要是在国家法律、行政法规规定的保险范围内的保险标的，必须全部参加保险。例如，机动车辆第三者责任保险和雇主责任保险在不少国家都是依法强制投保的，各国的社会保险也都是依法强制实施的。

四、根据承保方式分类

依据保险人承保方式的不同，保险可以分为原保险、再保险、共同保险和重复保险。

（一）原保险

原保险也称直接保险，是指投保人和保险人直接订立保险合同，当保险标的发生该保险合同责任范围内的损失时，由保险人直接对被保险人承担经济赔偿责任的保险。

（二）再保险

再保险也称分保，是指保险人或再保险人将其承担的保险业务部分或全部转移给其他保险人或再保险人而形成的保险关系，其目的是减轻保险人或再保险人自身承担的保险风险和责任。

（三）共同保险

共同保险简称共保，是指由两个或两个以上保险人使用同一保险合同对同一保险标的共同承担同一风险责任的保险。

（四）重复保险

重复保险是投保人就同一保险标的、同一保险利益、同一保险事故分别与两个以上保险人订立若干份保险合同，且保险金额总和超过保险价值的保险。

五、根据投保主体分类

根据投保主体不同，保险可以分为个人保险和团体保险。

（一）个人保险

个人保险是指以个人作为投保人、被保险人的保险，如个人养老金保险、家庭财产保险等。

（二）团体保险

团体保险是指以团体或者单位为投保人、以团体或者单位员工为被保险人的保险。团体保险的投保人都是该团体或单位的法定代表人，投保人数一般为该团体或单位人数的75%以上。

六、根据承保风险分类

根据承保风险的不同，保险可以分为单一风险保险和综合风险保险。

（一）单一风险保险

单一风险保险是指在保险合同中只承保一种风险责任的保险。根据合同规定，保险人只对该种风险事故的损失进行经济补偿。

（二）综合风险保险

综合风险保险是指在保险合同中，保险人承保两种及两种以上风险责任的保险。根据合同规定，凡是约定的风险事故损失，保险人都要进行经济补偿。保险人承保风险责任多而且广泛，因而在实务中通常被称为一切险或全险。

保险基础知识

本章思考题

- 什么是保险的本质?
- 保险的本质决定了其具有哪些特性?
- 保险的基本功能有哪些?
- 保险的派生功能有哪些?
- 保险是如何分类的?

第四章　保险合同

商业保险活动是一种商事活动,以保险合同的存在为基础,权利义务关系受到《保险法》《合同法》和《民法通则》等一系列民商法律的规范和调整。本章主要讨论保险合同的有关问题。

通过本章学习将帮助你

了解保险合同的概念

掌握保险合同的特征

掌握保险合同的形式

掌握保险合同的三要素

掌握保险合同的订立与生效、履行、变更

掌握保险合同的解释和争议处理

第一节
保险合同概述

保险关系是一种民事法律关系，这种民事法律关系是以保险合同的存在为前提和依据的。那么，什么是保险合同？一般来讲，保险合同也称保险契约，是指投保人向保险人支付保险费，保险人则对保险标的因合同约定的保险事故发生所造成的经济损失承担赔偿责任；或者当被保险人死亡、伤残、疾病或达到合同约定的年龄、期限时，由保险人承担给付保险金义务的协议。

保险合同有其自身的特征和自有的存在形式。

一、保险合同的特征

保险合同作为一种债权合同，不仅具有一般债权合同的共性，而且由于其自身的特殊性而表现出一些不同于一般债权合同的特征。

（一）保险合同是射幸合同

所谓射幸，即"侥幸"，它的本意就是"碰运气"。射幸行为是指以他人的损失而获得偶然利益的行为，如保险、赌博等。一部分射幸行为因有害于一般秩序而无效，如赌博、买空卖空、巨奖销售等；但经政府特许的保险、彩票属于合法行为。

射幸合同是指合同当事人双方或者一方所负的支付义务，取决于合同生效后偶然事件发生与否，与之对应的是确定合同。保险合同是典型的射幸合同。保险合同中，投保人支付保险费的义务通常在保险合同成立和生效时已经确定，而保险人是否承担经济损失补偿或者保险金给付义务，则取决于合同约定的保险事故在合同有效期内是否发生。在保险合同有效期内，如果保险事故不发生，保险人只收取保险费，而不承担赔偿或给付的义务。也就是说，就单一保险合同而言，投保人有可能获得远远大于所支付的保险费的效益，但也可能没有利益；保险人所赔付的保险金可能远远大于其所收取的保险费，但也可能只收取保险费而不发生赔付。

保险事故发生的偶然性和不确定性，使得保险合同具有射幸性，即保险人承保的风险或者保险合同约定的给付保险金的条件发生与否，均不确定。在法律史上，早在罗马法时期法律就有对射幸合同调整的记录，而且现代各国民法也大多对射幸合同进行明文规定。

（二）保险合同是最大诚信合同

诚信原则是所有民事活动当事人都应该遵守的原则。《合同法》第六条规定："当事人行使权利、履行义务应当遵循诚实信用原则。"《保险法》第五条规定："保险活动当事人行使权利、履行义务应当遵循诚实信用原则。"为了保证信息不对称的保险合同双方当事人的行为能够严格遵循合同要求，以实现保险合同的基本效能，《保险法》对于保险合同当事人和关系人的诚信程度的要求较一般民事活动和合同更为严格，如果双方违反诚信要求，需要承担更为严重的法律后果。因此，保险合同也被认为是最大诚信合同。

（三）保险合同是附合合同

附合合同也称格式合同。附合合同不经当事人双方充分协商，而由一方当事人提出合同的主要内容，另一方当事人只能在已提出的合同内容基础上选择接受或拒绝。与附合合同相对的是议商合同。

由于保险合同的专业技术性强，保险合同条款一般是由保险人事先制定好的标准化格式条款，投保人只能选择接受或拒绝保险人已出具的合同条款内容。因此，保险合同通常属于附合合同。

（四）保险合同是不要式合同

根据合同的成立是否需要特定的形式，可将合同分为要式合同与不要式合同。要式合同是指法律要求必须具备一定的形式和手续的合同。不要式合同是指法律不要求必须具备一定形式和手续的合同。

《合同法》第十条规定："当事人订立合同，有书面形式、口头形式和其他形式。法律、行政法规规定采用书面形式的，应当采用书面形式。当事人约定采用书面形式的，应当采用书面形式。"

《保险法》第十三条规定："投保人提出保险要求，经保险人同意承保，保险合同成立。保险人应当及时向投保人签发保险单或者其他保险凭证……依法成立的保险合同，自成立时生效。"由此可见，保险合同经双方意思表示一致，保险人同意承保即告成立，且自成立时生效。保险人向投保人签发保险单或者其他保险凭证，并不是保险合同成立必须具备的特定形式。因此，保险合同是不要式合同。签发保险单或者其他保险凭证只是为了便于以后合同纠纷的解决，是法律规定的保险人的一项义务而已。

（五）保险合同是有偿合同

有偿合同又称"有偿契约"，是指当事人一方享有合同约定的权利，须向对方当事人支付相应对价的合同。与有偿合同对应的是无偿合同。"买保险是要花钱的"，保险合同显然是有偿合同。因为投保人和保险人订立保险合同，向保险人转移风险，要求保险人承担赔偿或给付责任，需要向保险人支付保险费；保险人向投保人收取保险费之后才会承担风险，履行保险金的赔偿或给付责任。

（六）保险合同是诺成合同

诺成合同又称不要物合同，指仅以当事人意思表示一致为成立要件的合同。与诺成合同相对的是实践合同。诺成合同自当事人双方意思表示一致时即可成立，不以一方交付标的物为合同的成立要件，当事人交付标的物属于履行合同，而与合同的成立无关。

《保险法》第十三条规定："投保人提出保险要求，经保险人同意承保，保险合同成立。保险人应当及时向投保人签发保险单或者其他保险凭证。"《保险法》第十四条规定："保险合同成立后，投保人按照约定交付保险费，保险人按照约定的时间开始承担保险责任。"由此可见，保险合同的成立与否，主要看合同当事人对合同的条款是否达成协议、保险人是否同意承保，并不以投保人是否交纳保险费作为合同成立的要件，交纳保险费是保险合同成立后投保人的义务。因此，保险合同是诺成合同，而不是实践合同。

二、保险合同的形式

保险合同是不要式合同，但它是格式合同。基于保险合同的复杂性和技术性较强的特点，实践中一般采用书面合同的形式。保险合同的书面形式主要包括投保单、保险单、暂保单、保险凭证、批改单等。

（一）投保单

投保单也称要保书、投保书或投保申请书，是指投保人要求参加保险时所填写的书面要约，一般由保险人事前印就，内容包括投保人身份、地址，被保险人身份、地址，保险标的及其坐落地，拟投保险类别和金额等内容。投保人投保时要按照所列明的项目逐一填写。投保单一经保险人正式接受并同意承保，保险合同即告成立，保险人将根据投保单出具保险单。

（二）保险单

保险单简称保单，是指保险人同意承保后，根据投保单出具的载明当事人双方权利义务关系的正式证明文件。保险合同成立后，保险人应当尽快向投保人签发保险单并在保险单中详细载明当事人双方约定的具体内容。保险单通常也是被保险人或者受益人向保险人索赔的依据。

（三）暂保单

暂保单又称临时保险单，是保险人在出立正式保险单之前签发的证明保险人已同意给予投保人保险保障的一种临时凭证。暂保单仅表明投保人已经办理了保险手续，并等待保险人出立正式保险单，内容一般较为简单。出具暂保单不是订立保险合同的必经程序，使用暂保单的情况有：保险公司的分支机构接受投保后，还未获得总公司的批准，先出立保障证明；或者在拟订或续订保险合同时，订约双方还有一些条件需商讨，在没有完全谈妥之前，先由保险人出具给被保险人一种保障证明。

暂保单具有和正式保险单同等的法律效力，但一般来说暂保单的有效期不长，通常不超过30天，具体有效期由双方约定。当正式保险单出立后，暂保单就自动失效了。如果保险人最后考虑不出立保险单，也可以终止暂保单的效力，但必须提前通知投保人。

（四）保险凭证

保险凭证又称小保单，是指保险人依据正式保险单签发给投保人的承保凭证。保险凭证是保险单的一种简化形式，一般不印保险条款。保险凭证与保险单具有同等的法律效力，凡是保险凭证上没有列明的，或者保险凭证上的内容与保险单不一致的，均以对应的保险单为准。

为了便于双方履行合同，这种在保险单以外单独签发的保险凭证主要在以下几种情况下使用：一是团体保险单，一般需要给每一个被保险人签发一张单独的保险凭证，便于被保险人索赔；二是在货物运输保险订有流动保单或者预约保单的情况下，需要对每一笔货运签发单独的保险凭证，便于其随着货物转让；三是为了便于交强险的被保险人随身携带以供有关部门检查，保险人出具的交强险便携式保险标志也是一种保险凭证；四是我国还有一种联合保险凭证，主要用于保险公司同外贸公司合作时附印在外贸公司的发票上，仅注明承保货运险的险别、保险金额、检验和理赔代理人的名称及地址，其他项目均以发票所列为准，这种凭证目前仅适用于对港澳地区的出口业务。

（五）批改单

批改单简称批单或背书，是保险人应投保人或被保险人的要求出立的修订或更改保险单内容的证明文件。批改单一经签发，就自动成为保险合同的重要组成部分。批改单通常在两种情况下适用：一种情况是对印好的标准保险单要做部分修正，这种修正不改变保险单的基本条件，只是缩小或扩大保险责任范围，这种批改单也称特别约定；另一种情况是保险合同订立后，在保险合同的有效期内对某些保险项目进行更改和调整。在保险合同有效期内，保险双方都有权提出申请，经保险人同意后出立批改单。批改单可以在原保险单或保险凭证上批注（背书），也可以另外出立一张变更合同内容的附贴便条。凡经过批改的内容，以批改单为准；多次批改的，应以最后的批改为准。

通常情况下，投保单、保险单和批改单共同组成完整的保险合同。一般来说，保险合同条款中都有类似"保险合同由本条款、投保单、保险单、批改单共同组成"的约定。

> **小贴士**
>
> **车险保单的批改事项**
>
> 如果保险车辆在保险期限内发生转卖、转让或危险程度增加等情况，而被保险人又未通知保险人，发生保险责任事故时保险人可以拒绝赔偿。机动车辆保险的变更事项一般包括以下几种情况。
>
> (1)被保险人变更，如保险车辆转卖、转让、赠送他人；
>
> (2)保险车辆增减危险程度，如货车从运输普通货物到运输危险品的转变等；
>
> (3)保险车辆变更使用性质；
>
> (4)被保险人增减车辆设备；
>
> (5)被保险人调整保险金额或赔偿限额；
>
> (6)被保险人要求加保附加险种；
>
> (7)保险期限的变更。
>
> 保险车辆在保险期限内发生上述变更事项时，被保险人应提出书面申请，经保险人同意后出具批改单。保险人在合同生效后未经被保险人同意，不得批改保险合同内容。

第二节
保险合同的要素

保险合同由主体、客体和内容三个要素组成。保险合同的主体为保险合同的当事人和关系人,保险合同的客体为保险利益,保险合同的内容为保险合同当事人和关系人的权利与义务关系。

一、保险合同的主体

保险合同和其他合同一样,必须有订立合同的当事人,作为合同规定的权利和义务承担的主体。保险合同的当事人就是投保人和保险人,但保险合同也与一般合同有着不同之处,保险合同还会涉及与当事人有密切关系的关系人,主要包括被保险人和受益人。保险合同的投保人、保险人、被保险人、受益人等均在合同中明确载明。

(一)保险合同的当事人

1. 投保人

投保人是指与保险人订立保险合同,并按照合同约定负有支付保险费义务的人。投保人可以是自然人,也可以是法人,但需要具备以下三个条件。

第一,具有法律规定的民事行为能力。合同法规定,订立合同的当事人应该具有相应的民事权利能力和民事行为能力。一般来讲，保险合同要求当事人具有完全的权利能力和行为能力，但也有例外，例如，如果限制民事行为能力的未成年人作为投保人同保险人订立保险合同，只有经过其法定代理人追认才能生效，否则合同无效。

第二，对保险标的必须具有保险利益。投保人如对保险标的不具有保险利益，则不能申请订立保险合同，已订立的合同也为无效合同。

第三，负有交纳保险费的义务。保险合同为有偿合同，投保人取得经济保障的代价就是支付保险费。支付保险费是投保人的义务。因此，投保人购买保险、转移风险时必须量力而行，充分考虑自身的交费能力。

2. 保险人

保险人是指与投保人订立保险合同，并按照合同约定承担赔偿或者给付保险金责任的组织或个人。保险发展初期，自然人也可以作为承保人承接投保人的风险。不过，随着保险的发展，其承接的风险越来越广泛，承担的责任也越来越大，保险人更多地以股份公司或者相互公司的形式出现。目前，各国法律一般强调保险人需要具有法人资格。例如，我国《保险法》规定"保险业务由依照本法设立的保险公司以及法律、行政法规规定的其他保险组织经营，其他单位和个人不得经营保险业务"。

（二）保险合同的关系人

1. 被保险人

被保险人是指其财产或者人身受保险合同保障，享有保险金请求权的人。投保人可以为被保险人。财产保险的被保险人可以是自然人，也可以是法人；人身保险的被保险人只能是自然人。被保险人的确定方式有以下几种。

（1）在保险合同中明确列出被保险人的名字。被保险人可以是一个，也可以是多个，但均须明确列明。当被保险人之一死亡以后，其余被保险人仍可继续享受保险保障的权利，保险合同继续生效，直到期限届满。

（2）以变更保险合同条款的方式确定被保险人。这种方式是在保险合同中增加一项变更被保险人的条款。一旦该条款所约定的条件成立，补充的对象就自动取得了被保险人的地位。这也是被保险人的变更方式。这一方式通常用于财产的承租人或受托人等场合。变更后的被保险人的资格应当与原被保险人相同。

（3）通过订立多方面适用的保险条款确认被保险人。这种方式与第一种方式的不同之处在于它不具体指明被保险人的姓名；与第二种方式的不同之处在于它不是用排序的方式确定被保险人，而是采用扩展被保险人的办法。在这一方式中，每个人都具有同等的被保险人地位。

2. 受益人

受益人是指人身保险合同中由被保险人或者投保人指定的享有保险金请求权的人。人身保险的受益人由被保险人或者投保人指定。投保人、被保险人可以为受益人。投保人指定受益人时须经被保险人同意。投保人为与其有劳动关系的劳动者投保人身保险，不得指定被保险人及其近亲属以外的人为受益人。被保险人为无民事行为能力人或者限制民事行为能力人的，可以由其监护人指定受益人。

受益人可以是一人，也可以是数人。受益人为数人的，被保险人或者投保人可以确定受益顺序和受益份额；未确定受益份额的，受益人按照相等份额享有受益权。

通常来说，有两种形式的受益人：一种是不可撤销的受益人，另一种是可撤销的受益人。在第一种形式中，被保险人或者投保人只有在受益人同意时才可以更换受益人。在第二种形式中，被保险人或者投保人可以变更受益人，或撤销受益人的受益权。被保险人或者投保人变更受益人需要书面通知保险人。保险人收到变更受益人的书面通知后，应当在保险单或者其他保险凭证上批注或者附贴批改单。投保人变更受益人时，须经被保险人同意。

小贴士

2017年8月，黄某与A保险公司签订保险合同，为其丈夫张某投保终身寿险，合同约定保险金额为300 000元，受益人为黄某与张某的儿子小张。

在该合同关系中，保险人为A保险公司，投保人为黄某，被保险人为张某，受益人则为小张。

二、保险合同的客体

保险合同的客体是指保险利益。保险利益是指投保人或被保险人对保险标的所具有的法律上承认的利益。

其中，保险标的是保险合同中所载明的投保对象，是有可能发生保险事故的本体。保险标的的形态有物质的，也有非物质的，如侵权违约责任、义务人的信用等。在保险合同中，明确了保险标的，对投保人来说，就是明确了其转嫁风险的范围；对保险人来说，则是指明了它对哪些财产或哪些人的生命和身体承担保险责任。保险标的是保险合同订立的必要内容。被保险人投保后并不能保障保险标的本身不发生损失，而是在保险标的发生损失后，其能够从经济上得到补偿。因此，保险合同保障的实际上是投保人或被保险人对保险标的所具有的利益，即保险利益。

保险利益不同于保险标的，但保险利益又与保险标的有着相互依存的关系。一般来说，在被保险人没有转让保险标的的情况下，保险利益以保险标的的存在为条件：保险标的存在，投保人或被保险人的经济利益就存在；保险标的遭受损失，投保人或被保险人也将蒙受经济上的损失。

三、保险合同的内容

保险合同的内容也叫保险合同条款，是指规定保险双方当事人的权利和义务及其他有关事项的文字条文，是当事人双方履行合同义务、承担法律责任的依据。保险合同条款一般可以分为基本条款、附加条款和保证条款。

（一）基本条款

基本条款是依据法律规定，通常情况下必须在保险合同中列明的内容，缺少这些条款有时就需要依法推定，更多地是保险合同不能成立。根据我国《保险法》，保险合同应当包括下列事项：

（1）保险人的名称和住所；

（2）投保人、被保险人的姓名或者名称、住所，以及人身保险的受益人的姓名或者名称、住所；

（3）保险标的；

（4）保险责任和责任免除；

（5）保险期间和保险责任开始时间；

（6）保险金额；

（7）保险费以及支付办法；

（8）保险金赔偿或者给付办法；

（9）违约责任和争议处理；

（10）订立合同的年、月、日。

其中，保险责任和责任免除条款是保险合同的核心内容。保险责任是指保险人对于被保险人在保险事故发生后所承担的经济赔偿或给付责任的具体范围，也称承保责任。责任免除是指保险人在发生风险事故后对于被保险人不承担经济补偿和保险金给付责任的具体范围，也称除外责任。

保险期限是指保险人对被保险人承担经济补偿或给付责任的起讫时间。保险责任开始时间则是指保险人开始履行保险责任的时间。需要注意的是，有时候保险期限不等于保险合同有效期，因为保险合同生效和保险责任开始的时间可能不一致。例如，人身保险中的旅客意外伤害保险或者财产保险中的货物运输保险，其保险期限不规定具体时间，而是以旅程、航程的开始与结束为一个保险期限。

保险金额是指由投保人和保险人约定并在合同中载明，在发生保险事故时保险人承担给付保险金责任的最高限额，在责任保险和信用保证保险合同中一般称作赔偿限额。保险金额是保险费计算的依据。

保险费是指投保人或被保险人为获得保险保障而支付给保险人的代价。交纳保险费是投保人的义务，有时候也可能是保险合同生效的条件之一。保险费的支付方式有一次性交清、分期交清、限期交清等多种方式。投保人或被保险人可根据自己的需要选择各种交费方式，并在合同中明确列示。

保险金赔偿或给付是在保险合同有效期内发生约定的保险事故并受到损失

后，被保险人或者受益人向保险人提出要求保险人赔偿或给付保险金的申请，保险人对被保险人的索赔申请进行赔偿处理的活动。

违约责任是指保险人、投保人或被保险人或受益人违反了保险合同约定的义务而应当承担的责任，明确违约责任可以防范和减少当事人、关系人违约行为的发生。争议处理条款则是当发生保险合同争议纠纷后的解决方式，主要有协商、仲裁和诉讼三种方式。

（二）附加条款

附加条款是指保险人为满足投保人或被保险人的特殊需要，在保险合同基本条款的基础上，增加一些补充内容，以扩大或者限制承保责任的一种条款。

（三）保证条款

保证条款是指保险合同当事人在保险合同有效期内应予以遵守的规定，通常是保险人要求投保人或被保险人必须严格遵守的保证事项，否则保险人有权解除保险合同甚至拒绝承担保险责任。不过，有时保险合同中也会出现保险人需要保证的事项，如医疗保险合同中的保证续保[①]条款。

---

① 保证续保是指在前一保险期限届满后，投保人提出续保申请，保险公司必须按照约定费率和原条款继续承保的合同约定。

第三节
保险合同的订立与生效、履行、变更

一、保险合同的订立与生效

保险合同的订立是投保人与保险人之间基于意思表示一致而进行的法律行为。与订立其他合同一样，保险合同的订立需要经过一定的法律程序。《保险法》第十三条规定："投保人提出保险要求，经保险人同意承保，保险合同成立。保险人应当及时向投保人签发保险单或者其他保险凭证。"因此，保险合同的成立，需要经过投保人提出保险要求和保险人进行承保两个阶段，也就是保险合同的要约和承诺。

（一）保险合同的订立程序

1. 要约

要约是一方当事人以缔结合同为目的，向对方当事人提出合同条件，希望对方当事人接受的意思表示。发出要约的一方称要约人，接受要约的一方称受要约人。实务中，我们会发现总是保险人及其代理人先向客户开展销售行为，但是这并不是说保险人及其代理人提出要求，而是一种要约邀请，即保险人及其代理人邀请对方向自己发出要约。因此，保险合同的要约人通常是投保人。

2. 承诺

承诺是指受要约人同意要约的意思表示，即指受要约人同意接受要约的条件从而订立合同的意思表示。承诺一经作出，并送达要约人，合同即告成立。也就是说，投保人提出要约，递交填好的投保单后，经保险人或其代理人审查，认为符合要求的，同意承保，即承诺，保险合同成立。

如果投保人提出的要约完全不符合要求，保险人会予以拒保。但是，如果保险人只是认为投保单的内容需要进行实质性修改或附加承保条件的，不能看成是承诺，而应该看成是保险人向投保人发出反要约，如果投保人无条件接受，保险合同也告成立，这时投保人是承诺人。

总之，保险合同的订立过程是一个要约、反要约，直至承诺的过程。保险合同成立后，保险人应当及时签发保险单或其他保险凭证。

（二）保险合同的成立与生效

合同的当事人就合同的条款协商一致，合同即告成立。根据《保险法》，投保人提出保险要求，经保险人同意承保，保险合同成立。但是，合同成立并不等于生效。合同生效是指合同具备一定的要件后，便能产生法律上的效力。保险合同生效是指保险合同条款开始对投保人（或被保险人、受益人）和保险人产生约束力，即保险合同条款产生法律效力。根据《合同法》，"当事人对合同的效力可以约定附条件。附生效条件的合同，自条件成就时生效"。《保险法》也规定："依法成立的保险合同，自成立时生效。投保人和保险人可以对合同的效力约定附条件或者附期限。"

也就是说，通常保险合同成立即告生效，但保险合同当事人双方也可以约定保险合同附条件或者附期限生效。保险合同成立后，如果合同双方没有采取行动来满足合同生效的条件，保险合同并未生效。这意味着在此期间如果发生保险事故，保险人可以不承担保险责任。

保险基础知识

> 📌 **小贴士**
>
> ### 附生效期限的保险合同生效[①]
>
> 2012年5月20日，周某通过保险公司电话询问的方式与某人寿保险公司（以下简称保险公司）订立某型人寿保险附加重大疾病险，在电话中，周某回答了该展业人员对周某身体状况和生活习惯、身份职业情况的询问，约定每期保费为215元，交费方式为月交，交费期限为15年；人寿保险的保险期限为终身，重大疾病险的保险期限为30年；人寿保险的保险金额为60万元，重大疾病险的保险金额为20万元；重大疾病险的保险范围为60种重大疾病。2012年5月24日，周某接到保险公司电话，称该保险合同已经保险公司核保通过，并已向周某寄送投保单和保险单及其他相关凭证，保险合同生效期间为周某签收保险单及回执之日起90日后，在该90日内被保险人发生人身事件的，保险公司不承担保险责任。经过90日后，保险公司在周某指定银行账户自动扣缴保险费。周某在电话中均回答知晓该情况。2012年5月31日，周某接到了由保险公司快递来的投保单、保险单、保险人声明等书面文件，周某按照快递人员的指示在投保单、保险单、保险人声明、投保人声明等文件上均签字，并将投保单等文件交由快递人员交回保险公司存档。其中，在保险单上第25款中记载，保险合同自投保人签收保单之日起90日后生效，在该期间内被保险人发生保险单记载的疾病或人身事件的，保险人不承担保险责任。
>
> 2012年7月8日，周某突患脑溢血入院治疗，经医院诊断，周某属急性脑溢血，周某之前也未曾出现脑溢血症状。经医院手术，2012年8月10日，周某基本恢复后出院，此次共花费医疗费102 451元。周某出院后于2012年8月15日向保险公司提出索赔申请，要求保险公司赔偿医疗费102 451元。保险公司经审核后认为周某发生保险事故住院治疗时，该保险合同尚未生效，故以此为由拒绝理赔。周某起诉至法院，要求保险公司赔偿保险金102 451元。
>
> **裁判要旨**
>
> 一审法院判决：原告周某要求保险公司赔偿保险金的诉讼请求不成立，驳回其诉讼请求。一审判决后，原告提起上诉，二审法院判决驳回上诉，维持原判。

[①] 案例引自：刘文选.保险法律实务操作指引与风险防控［M］.北京：法律出版社，2017.

案例分析

本案属于典型的保险公司与投保人在保险合同中约定了观察期的案例。按照双方当事人的约定，本案中从投保人签收保险单等文件之日起90日为观察期，在观察期过后，保险合同才生效。可以肯定的是，虽然保险合同已经成立，但因为投保人和保险公司的约定，该保险合同的效力附期限，只有在观察期过后，保险公司才对被保险人周某的疾病医疗费用进行赔偿，故本案判决较为符合《保险法》的规定和保险合同双方的约定。

二、保险合同的履行

保险合同的履行即保险合同的当事人双方依法承担各自义务的行为。

（一）投保人的义务

1. 交纳保费的义务

交纳保费是投保人最重要的义务。投保人必须按照约定的时间和方式交纳保费。根据险种的不同，投保人可以采取不同的方式来交纳保费。一般来说，财产保险合同采用一次交纳保费的形式。在人身保险合同中，可以采取一次性交纳、分期交纳等方式。

交纳保费与合同效力的关系，通常由当事人约定。如果投保人未能依照合同规定履行交纳保费的义务，将产生下列法律后果：

第一，在约定保费按时交纳为保险合同生效要件的场合，保险合同不生效。

第二，在财产保险合同中，保险人可以请求投保人交纳保费及迟延利息，也可以终止保险合同。

第三，在人身保险合同中，如果投保人未按约定期限(包括宽限期在内)交纳保费，保险人应进行催告。投保人应在一定期限内交纳保费，否则保险合同自动中止。

2. 通知义务

投保人的通知义务主要有两个：一是保险事故危险增加的通知义务，二是保险事故发生的通知义务。

在保险合同中，危险增加是有特定含义的，它是指在订立保险合同时，当事人双方未曾估计到的保险事故危险程度的增加。保险事故危险增加的原因一般有两个：一个是由投保人或被保险人的行为所致。例如，投保人在投保房屋保险时，房屋的用途是居住。此后，在保单有效期内，投保人将其改为餐馆。这种改变无疑增加了保险事故的危险程度，投保人应当将这种改变通知保险人。另一个是由投保人或被保险人以外的原因所致，与投保人或被保险人个人无关。但即使这样，投保人也应当在知道危险增加后，立即通知保险人。

投保人履行危险增加的通知义务，对于保险人正确估价风险具有重要意义。因此，各国保险立法均对此加以明确规定。我国《保险法》第五十二条就明确规定，在合同有效期内，保险标的的危险程度显著增加的，被保险人应当按照合同约定及时通知保险人，保险人可以按照合同约定增加保险费或者解除合同。

保险合同成立以后，如果发生了保险事故，投保人、被保险人或受益人应及时通知保险人。如果投保人未履行保险事故发生的通知义务，则有可能产生两种后果：一是保险人不解除保险合同，但可以请求投保人(被保险人)赔偿因此而遭受的损失；二是保险人免除保险合同上的责任。

保险事故的发生，意味着保险人承担保险责任、履行保险义务的条件已经产生。保险人如果能够及时得知情况，一方面，可以迅速查明事实，确定损失，明确责任，不致因调查的拖延而丧失证据。另一方面，可以采取适当的措施防止损失的扩大。在保险事故发生后，投保人不仅应及时通知保险人，还应当采取各种必要的措施，进行积极的施救，以避免损失的扩大。我国《保险法》第五十七条规定："保险事故发生时，被保险人应当尽力采取必要的措施，防止或者减少损失。"为鼓励被保险人积极履行施救义务，《保险法》还规定，被保险人为防止或者减少保险标的的损失所支付的必要的、合理的费用，由保险人承担。投保人、被保险人未履行施救义务的，对于由此而扩大的损失，应当承担责任。

（二）保险人的义务

保险合同生效后，一旦责任范围内的保险事故发生，保险人就要按照保险合同的规定履行给付或赔偿保险金的义务。原则上，保险人通常以现金的形式赔付损失和费用，而不负责以实物补偿或恢复原状，但双方在合同中有约定的除外。

除了上述义务外，保险人还有出具保险单和保险凭证的义务、为投保人及其他保险合同关系人保密的义务、索赔资料补充的一次性通知义务等附随义务。

三、保险合同的变更

保险合同的变更是指在保险合同的存续期间，其主体、内容及效力的变化。各国保险法律一般都允许保险合同的主体和内容有所改变，我国也是如此。

（一）保险合同主体的变更

主体的变更是指保险合同当事人的变更。保险合同当事人中保险人的变更情况并不多见，只有在保险公司合并、分拆、破产等情况下才会出现；投保人的变更则主要是分期交费或者含有现金价值的保单的投保人才有可能因为保单的有偿转让或者无偿转让而变更，而对于一次性交费或者没有现金价值的保单的投保人，则没有变更的实际意义。

因此，保险合同主体的变更，更多的情况是保险合同关系人的变更。在财产保险中，往往因保险标的的所有权发生转移(包括买卖、让与和继承)而发生保单的转让，进而发生被保险人的变更。一般情况下，保单转让必须得到保险人的同意，被保险人必须在保险标的的所有权(或管理权)转让时，事先书面通知保险人，经保险人同意，并对保单批注后方才有效；否则的话，保险合同从保险标的所有权(或管理权)转移时即告终止。例如，被保险人出售其被保险的车辆，保单并不是随着车辆的出售自动转给新车主的。如果转让保单，必须征得保险人的同意。若保险人同意转让，则保单转让有效，反之则无效。不过，货物运输保险却是个例外。其保单可随货权的转移而背书转让，被保险人的变更无须征得保险人的同意。

在人身保险中，团体保险可能由于其单位成员即被保险人的流动而发生变更。个人保险中，如果被保险人发生变化，合同就会失去存在的基础，因而个人保险合同的被保险人不能变更。人身保险中，可以由被保险人或者投保人变更受益人并书面通知保险人。保险人收到变更受益人的书面通知后，应当在保险单或者其他保险凭证上批注或者附贴批改单。投保人变更受益人时须经被保险人同意。

（二）保险合同内容的变更

保险合同内容的变更是指在主体不变的情况下，改变合同中约定的事项。例如，被保险人地址的变更；保险标的数量的增减，品种、价值或存放地点的变化；保险期限的变更；保险责任范围的变更等。这些变化都会影响到保险人所承担的风险大小的变化。

保险合同的主体不变更而内容变更的情况是经常发生的。各国保险立法一般都规定，保险合同订立以后，投保人可以提出变更合同内容的请求，但须经保险人同意，办理变更手续，有时还须增交保费，合同方才继续有效。

（三）保险合同效力的变更

1. 合同的无效

合同的无效是指合同虽已订立，但在法律上不发生任何效力。按照不同的因素来划分，合同的无效有以下几种形式。

（1）约定无效与法定无效。根据不同的原因来划分，无效有约定无效与法定无效两种。约定无效由合同的当事人任意约定。只要约定的理由出现，则合同无效。法定无效由法律明文规定。法律规定的无效原因一旦出现，则合同无效。各国的保险法通常都规定，符合下列情况之一者，保险合同无效：

第一，合同系代理他人订立而不做申明。

第二，恶意的重复保险。

第三，人身保险中未经被保险人同意的死亡保险(父母为未成年子女投保的人身保险不受该限制)。

第四，人身保险中被保险人的真实年龄已超过保险人所规定的年龄限制。

（2）全部无效与部分无效。根据不同的范围来划分，无效有全部无效与部分无效两种。全部无效是指保险合同全部不发生效力，以上讲的那几种情况就属于全部无效。部分无效是指保险合同中仅有一部分无效，其余部分仍然有效。例如，财产保险中保险金额超过保险价值的部分无效，但在保险价值限额以内的部分仍然有效。又如，在人身保险中，被保险人的年龄与保单所填写的不符(只要没有超过保险人所规定的保险年龄限度)，保险人按照被保险人的实际年龄给付保险金额，这也是部分无效。

（3）自始无效与失效。根据时间来划分，无效有自始无效和失效两种。自始无效是指合同自成立起就不具备生效的条件，合同从一开始就不生效；失效是指合同成立后，因某种原因而失效。如果被保险人对保险标的失去保险利益，保险合同即失去效力。失效不需要当事人做意思表示，只要失效的原因一出现，合同即失去效力。

2. 合同的中止

保险合同的中止是指保险合同存续期间，由于一定事由的发生而使保险合同的效力暂时性归于停止，也称保险合同停效。在保险合同中止期间发生的保险事故，保险人不承担赔偿责任。

很多人身保险合同的期限较长，由数年至数十年不等，且可能是分期交费的。从保护投保人和被保险人利益的角度出发，《保险法》第三十六条规定："合同约定分期支付保险费，投保人支付首期保险费后，除合同另有约定外，投保人自保险人催告之日起超过三十日未支付当期保险费，或者超过约定的期限六十日未支付当期保险费的，合同效力中止，或者由保险人按照合同约定的条件减少保险金额。"

保险合同当事人还可以约定其他保险合同效力中止的情况，如违反约定的保证条款而中止。保险合同中止一般都约定期限，在此期限内如果没有能够满足保险合同复效的条件，保险合同将自动中止，或者合同相对人有权宣布解除合同。

3. 合同的复效

保险合同效力的中止并非终止。投保人可以在一定的条件下，提出恢复保险合同的效力，经保险人同意，合同的效力即可恢复，即合同复效。《保险法》第三十七条规定："合同效力依照本法第三十六条规定中止的，经保险人与投保人协商并达成协议，在投保人补交保险费后，合同效力恢复。但是，自合同效力中止之日起满二年双方未达成协议的，保险人有权解除合同。"

> **小贴士**
>
> **效力中止后，合同复效前，保险人发生保险事故的，保险人是否承担保险责任？**[①]
>
> 2009年9月10日，朱某以自己为被保险人向某保险公司投保了某型生死两全人寿险附加重大疾病险，朱某填写了投保单。2009年9月19日，保险公司向朱某寄送了保险单，根据保险单约定，某型生死两全人寿险交费期限为15年，保险费为800元/月，被保险人生存40年的，保险公司向被保险人给付生存保险金20万元;被保险人死亡的，给付受益人保险金30万元;附加重大疾病险，交费期限为15年，保险期间为20年，保险费为700元/月，被保险人罹患保险单约定的重大疾病的住院治疗费用保险金额为15万元，被保险人因重疾死亡的保险金额为20万元。朱某在2009年10月12日交纳了第一期保险费共计1 500元。直到2011年11月，朱某共计交纳保险费36 000元。自2011年12月起，朱某连续两个月未交纳保险费。2012年1月11日保险公司按照保险单约定，向朱某发出了保险合同效力中止的通知书，2012年1月15日朱某收到通知并签收。2013年5月19日，朱某患肾小球肾炎，住院治疗9天，共计支出医疗费用31 884元。朱某出院后，向保险公司申请补交保险费，恢复保险合同效力，并要求保险公司对自己患病的住院支出费用31 884元给予赔偿。保险公司经审查后发现，朱某在2011年9月就曾因肾绞痛入院就诊，故而认为朱某的身体状况已经不再符合重大疾病险的承保条件，不予接受朱某的复效申请，同时按照保险合同的约定，对中止期间朱某的住院支出不赔偿。朱某遂将保险公司诉至法院，要求保险公司对中止期间的费用支出31 884元作出赔偿。

[①] 案例引自：刘文选.保险法律实务操作指引与风险防控[M].北京：法律出版社，2017.

裁判要旨

一审法院判决：原告朱某要求保险公司赔偿保险金的诉讼请求不成立，驳回其诉讼请求。原告与被告一审判决后，均未提起上诉。

案例分析

本案涉及两个问题：保险合同效力是否中止？保险合同效力中止后，发生保险事故的，保险人是否应承担保险责任？

1. 本案中的合同效力已经中止

人身保险合同的投保人交纳第一次保险费后，除合同另有约定外，投保人自保险人催告之日起超过30日未支付当期保险费，或者超过约定的期限60日未支付当期保险费的，合同效力中止。

本案中，投保人朱某连续交纳多期保险费后，于2012年12月未再交纳保险费，保险公司按照保险合同的约定，向投保人发出了保险合同中止的通知，保险合同效力已经中止。

2. 保险合同效力中止后，发生保险事故的，保险人不承担保险责任

对于保险合同效力中止后，被保险人发生保险事故的，保险人是否承担保险责任，我国《保险法》未作出明确规定。但从《保险法》第三十六条、第三十七条的逻辑来看，对于保险中止期间内，被保险人发生保险事故的，保险人不承担保险责任。保险合同中止即保险合同失去效力，则保险合同对保险人不产生效力，保险人不对被保险人承担赔偿责任。

4. 合同的终止

保险合同的终止是指当事人之间由合同所确定的权利与义务因法律规定的原因出现而不复存在。

导致保险合同终止的原因很多，主要有以下几种：

（1）合同因期限届满而终止。保险合同订立后，虽然未发生保险事故，但如果合同的有效期已届满，则保险人的保险责任即自然终止。这种自然终止是保险合同终止最普遍、最基本的原因。保险合同终止，保险人的保险责任亦告终止。当然，保险合同到期以后还可以续保。但是，续保不是原保险合同的继续，而是一个新的保险合同的成立。

（2）合同因解除而终止。解除是较为常见的保险合同终止的另一类原因。在实践中，保险合同的解除分为法定解除、约定解除和任意解除三种。

法定解除是指法律规定的原因出现时，保险合同当事人一方（一般是保险人)依法行使解除权，消灭已经生效的保险合同关系。法定解除是一种单方面的法律行为。从程序上来说，依法有解除权的当事人向对方作出解除合同的意思表示，即可发生解除合同的效力，而无须征得对方的同意。

约定解除是双方当事人约定解除合同的条件，一旦出现所约定的条件时，一方或双方即有权利解除保险合同。保险合同一经解除，保险人的责任亦告终止。从解除的条件来看，以约定方式解除保险合同对于合同的双方均做了限制性的规定，尤其是对于保险人的限制更严。

任意解除是指法律允许双方当事人有权根据自己的意愿解除合同。但是，并非所有的保险合同都是可以由当事人任意解除和终止的，它一般有着严格的条件限制。

我国《保险法》规定，投保人或被保险人有下述行为之一者，可以构成保险人解除保险合同的条件：

第一，投保人故意或者因重大过失未履行如实告知义务，足以影响保险人决定是否同意承保或者提高保险费率的。

第二，未发生保险事故，被保险人或者受益人谎称发生了保险事故，向保险人提出赔偿或者给付保险金请求的。

第三，投保人、被保险人故意制造保险事故的。

第四，投保人、被保险人未按照约定履行其对保险标的的安全应尽责任的。

第五，在合同有效期内，保险标的的危险程度显著增加，被保险人未及时通知保险人的。

第六，投保人申报的被保险人年龄不真实，并且其真实年龄不符合合同约定的年龄限制的(但合同成立后逾二年的除外)。

第七，自合同效力中止之日起满二年双方未达成协议的。

（3）合同因违约失效而终止。因被保险人的某些违约行为，保险人有权使合同无效。例如，终身保险合同的保费交纳一般有季交、半年交、年交等方式。如果投保人不能如期(包括在宽限期在内)交纳保险费，则保险人可以使正在生效的合同中途失效。中途失效的合同可以复效，但是如果超过规定的时间而没有复效则会被解约终止。另外，合同自始无效与违约失效不同的，合同自始无效是合同从签订之时起就没有约束力。所以，合同自始无效也就不存在效力终止的问题。

(4) 合同因履行而终止。保险事故发生后，保险人完成全部保险金额的赔偿或给付义务之后，保险责任即告终止。最常见的如终身人寿保险中的被保险人死亡，保险人给付受益人全部保险金额；或被保险财产被火灾焚毁，被保险人领取了全部保险赔偿后，合同即告终止。

第四节
保险合同的解释和争议处理

一、保险合同的解释原则

保险合同的解释是指保险合同的当事人对保险合同条款的意思理解发生歧义时，依照法律规定的方式或者以约定俗成的方式对其作出的确定性判断。保险合同的解释原则通常有以下几种。

（一）文义解释原则

文义解释是指根据词语的字面含义来确定法律的意思，即按保险合同条款通常的文字含义并结合上下文来解释，它是解释保险合同条款的最主要的方法。

文义解释必须要求被解释的合同字句本身具有单一且明确的含义。如果有关术语本来就只具有唯一的一种意思，或联系上下文只能具有某种特定含义，或根据商业习惯通常仅指某种意思，那就必须按照它们的本意去理解。例如，暴风、地震、泥石流等，这些字句都有非常明确、特定的含义。

（二）意图解释原则

意图解释是指在无法运用文义解释方式时，通过其他背景材料进行逻辑分析来判断合同当事人订约时的真实意图，由此解释保险合同条款的内容。保险合同的真实内容应是当事人通过协商后形成的一致意思表示。因此，解释时必须要尊重双方当事人当时的真实意图。意图解释只适用于合同的条款不精当、语义混乱，不同的当事人对同一条款所表达的实际意思理解有分歧的情况。如果文字表达清楚，没有含混不清之处，就必须按照文义解释，不得任意推测。

（三）有利于被保险人的解释原则

有利于被保险人的解释原则是指当保险合同的当事人对合同条款有争议时，法院或仲裁机关往往会作出有利于被保险人的解释。例如，我国《保险法》第三十条规定："采用保险人提供的格式条款订立的保险合同，保险人与投保人、被保险人或者受益人对合同条款有争议的，应当按照通常理解予以解释。对合同条款有两种以上解释的，人民法院或者仲裁机构应当作出有利于被保险人和受益人的解释。"之所以如此，是因为保险合同是附合合同，投保方只能表示接受或不接受保险人事先已经拟定好的条款。保险合同条款的专业性很强，有些专业性的术语不是一般人能够通过字面意思完全理解的。为了避免保险人利用其有利地位，侵害投保方的利益，各国普遍使用这一原则来解决保险合同当事人之间的争议。鉴于此，保险人在拟定合同条款时应尽量使用语言明确的表述，在订立合同时应向投保人准确地说明合同的主要内容。

（四）批注优于正文、后加的批注优于先加的批注的解释原则

为了满足不同的投保人的需要，有时保险人需要在统一印制的保险单上加批注，或增减条款，或进行修改。无论以什么方式更改，如果前后内容有矛盾或互相抵触，那么后加的批注、内容都应当优于原有的内容。不过，保险合同更改后应写明批改日期。如果由于未写明日期而使条款发生矛盾，手写的批注应当优于打印的批注，加贴的批注应当优于正文的批注。

（五）补充解释原则

补充解释是指当保险合同条款约定内容有遗漏或不完整时，借助商业习惯、国际惯例、公平原则等对保险合同的内容进行务实、合理的补充解释，以便合同的继续执行。

> 小贴士

保险合同格式条款的认定

1994年3月1日，钟某以投保人的身份向某保险公司投保了10份"独生子女、青少年两全保险"。保险合同签订后，钟某交付了起保日1994年3月1日至2015年2月底的保险费。2014年4月13日23时50分，被保险人钟某某发生交通事故受伤，后经抢救无效于2014年4月28日12时38分死亡。事故发生后，钟某向保险公司提出索赔申请，保险公司赔付4 000元。

双方对保险金额存在争议，协商无果，钟某将保险公司诉至法院。

钟某主张意外伤害保险金为84 000元，依据"保险证"确认的意外伤害保险金的计算方式"意外伤害保险金额每年4 000元"，原告的保险期限为21年，故意外伤害保险金的计算方式为4 000元/年×21年＝84 000元。

某保险公司主张意外伤害保险金额为4 000元，依据为保险条款第七条："意外伤害保险金额每投保5份为人民币贰仟元"。根据上述规定，原告投保了10份，故意外伤害保险金额为2 000元×2＝4 000元。"保险证"上记载的"意外伤害保险金额每年4 000元"的含义指的是在保险期间内，如被保险人每年均发生意外伤害，则被告每年赔偿意外伤害保险金总额最高不超过4 000元，如被保险人死亡，被告支付意外伤害保险金4 000元。

裁判要旨

法院判决某保险公司向钟某支付意外伤害保险金84 000元。

案例分析

本案的焦点在于保险金额的认定及对保险条款的理解。《合同法》第四十一条规定："对格式条款的理解发生争议的，应当按照通常理解予以解释。对格式条款有两种以上解释的，应当作出不利于提供格式条款一方的解释。格式条款和非格式条款不一致的，应当采用非格式条款。"《保险法》第三十条规定："采用保险人提供的格式条款订立的保险合同，保险人与投保人、被保险人或者受益人对合同条款有争议的，应当按照通常理解予以解释。对合同条款有两种以上解释的，人民法院或者仲裁机构应当作出有利于被保险人和受益人的解释。"

依据上述规定，本案中，"保险证"记载的内容应当为保险合同的组成部分，与保险条款均为被告为重复使用而预先拟定的，属于格式条款。现"保险证"上记载的意外伤害保险金额的计算方式与保险条款记载的意外伤害保险金额的计算方式不一致，双方对条款的解释发生争议时，本院应当作出不利于条款提供方——保险公司的解释，故对保险公司主张的计算方式不予采信，对钟某主张的计算方式予以采信，对钟某主张支付意外伤害保险金84 000元的诉讼请求予以支持。

二、保险合同争议的解决方式

按照我国法律的有关规定，保险合同争议的解决方式主要有以下几种。

（一）协商

发生保险合同争议时，首先应该协商解决。协商是指合同双方当事人在自愿互谅的基础上，按照法律、政策的规定，通过摆事实、讲道理，求大同、存小异来解决纠纷。自行协商解决方式简便，有助于增进双方的进一步信任与合作，并且有利于合同的继续执行。

（二）调解

如果保险合同当事人双方不能自行协商解决，可以寻求调解。调解是指在合同管理机关或法院的参与下，通过说服教育，使双方自愿达成协议、平息争端。调解必须依据法律、政策，遵循平等自愿原则。只有依法调解，才能保证调解工作的顺利进行。如果一方当事人不愿意调解，就不能进行调解。如调解不成立或调解后又反悔，可以申请仲裁或直接向法院起诉。

（三）仲裁

如果不能或者不愿协商解决，也不能调解解决，那么可以申请仲裁。仲裁是指争议双方依照仲裁协议，自愿将彼此间的争议交由双方共同信任、法律认可的仲裁机构的仲裁员居中调解，并作出裁决。仲裁结果具有法律效力，当事人必须予以执行。

（四）诉讼

如果不能或者不愿协商解决，也不能调解解决，那么也可以选择直接向法院起诉。诉讼是指争议双方当事人通过国家审判机关——人民法院进行裁决的一种方式。它是解决争议时最激烈的一种方式。当事人双方因保险合同发生纠纷时，有权以自己的名义直接请求法院通过审判给予法律上的保护。当事人提起诉讼应当在法律规定的时效以内。

《民事诉讼法》第二十四条对保险合同纠纷的管辖法院做了明确的规定："因保险合同纠纷提起的诉讼，由被告住所地或者保险标的物所在地人民法院管辖。"《最高人民法院关于适用〈中华人民共和国民事诉讼法〉若干问题的意见》中规定，因保险合同纠纷提起的诉讼，如果保险标的物是运输工具或者运输中的货物，由被告住所地或者运输工具登记注册地、运输目的地、保险事故发生地的人民法院管辖。

本章思考题

- 保险合同的特征有哪些?
- 保险合同的形式有哪些?
- 保险合同的主体有哪些?
- 保险合同的内容有哪些?
- 保险合同如何订立?
- 投保人的义务有哪些?
- 保险人的义务有哪些?
- 保险合同的效力变更有哪些?
- 保险合同解释的适用条件及解释原则有哪些?
- 保险合同争议的解决方式有哪些?

第五章　保险的基本原则

在保险业的长期实践和发展过程中，逐渐形成了一些大家都必须要遵循的规范和原则，并被各国的保险法律法规所吸收，成为调整保险活动各方关系的基本原则，主要包括保险利益原则、最大诚信原则、近因原则和损失补偿原则。

通过本章学习将帮助你

掌握保险利益及其成立要件、保险利益原则的意义
掌握最大诚信原则的含义、内容及违反最大诚信原则的后果
掌握近因原则的含义及具体适用
了解损失补偿原则的含义、基本内容及派生原则

第一节
保险利益原则

一、保险利益及其成立要件

（一）保险利益及其性质

保险利益也称可保利益，是指投保人或者被保险人对保险标的具有的法律上承认的利益。保险利益具有以下两种性质。

第一，保险利益是保险合同订立和履行的前提。如果投保人或者被保险人对保险标的不具有保险利益，那么可能会诱发严重的道德风险，危及保险人的经营和保险制度的持续。因此，各国普遍通过立法形式来确立保险利益和保险合同之间的关系。我国《保险法》第十二条规定："人身保险的投保人在保险合同订立时，对被保险人应当具有保险利益。财产保险的被保险人在保险事故发生时，对保险标的应当具有保险利益。"第三十一条规定，订立保险合同时，投保人对被保险人不具有保险利益的，合同无效。第四十八条规定，保险事故发生时，被保险人对保险标的不具有保险利益的，不得向保险人请求赔偿保险金。

第二，保险利益是保险合同的客体。投保人向保险人购买保险，并不是为了让保险标的免遭危险，而是为了投保人或被保险人对保险标的的合法权益提供风险保障和损失补偿。

（二）保险利益成立的条件

第一，保险利益必须是合法的利益。投保人或者被保险人对保险标的所具有的利益要为法律所承认，因为只有在法律上可以主张的利益才能受到法律的保护。因此，保险利益必须是符合法律规定、符合社会公共秩序、为法律所认可并受到法律保护的利益。

第二，保险利益必须是确定的利益。保险利益应当是一种确定的利益，是投保人或被保险人对保险标的在客观上或事实上已经存在或可以确定的利益。这种利益必须是具有客观依据的利益，不是当事人主观臆断的或者想象的利益。

第三，保险利益必须是经济上的利益。保险利益应是可以用货币计量的利益。保险的目的主要是通过货币形式的经济补偿弥补投保人或被保险人的经济损失。这种损失以投保人或被保险人对保险标的所拥有的经济利益为前提。如果投保人或被保险人的利益不能用货币计量，则保险人的承保和补偿就难以进行。因此，无法定量的利益不能成为保险利益。

（三）保险利益的存在

在财产保险中，一般强调保险事故发生时被保险人必须对保险标的具有保险利益。在人身保险中，则要求在保险合同订立时投保人必须具有保险利益。

人身保险之所以要求保险利益在保险合同订立时存在，主要是为了防止投保人因与被保险人无利害关系而诱发道德风险，危及被保险人生命或身体的安全。但是，《最高人民法院关于适用〈中华人民共和国保险法〉若干问题的解释(三)》第四条规定："保险合同订立后，因投保人丧失对被保险人的保险利益，当事人主张保险合同无效的，人民法院不予支持。"在人身保险合同订立之后，即使投保人与被保险人的关系发生了变化，如夫妻离婚、员工调离原单位等，投保人对被保险人失去了保险利益，保险合同也不能因此而失效。发生保险事故时，保险人仍应当承担保险责任，履行给付保险金的义务。

二、保险利益原则的意义

所谓保险利益原则，就是在签订和履行保险合同的过程中，投保人或被保险人对保险标的必须具有保险利益。人身保险合同投保时投保人应当对被保险人具有保险利益，若不具有保险利益，签订的保险合同无效；财产保险合同保险事故发生时被保险人应当对保险标的具有保险利益，不具有保险利益的，无权向保险人请求赔偿保险金。在保险理论和实践中，坚持保险利益原则的意义体现在以下几个方面。

（一）防止将保险演变为赌博

如果保险标的与投保人或者被保险人无关，那也就意味着保险标的的毁损、灭失不会形成投保人或者被保险人的损失。就这样的标的投保，无异于赌博，即投保人或者被保险人在以该标的的损失发生概率进行赌博，并企图以小额的保费付出获得高额的保险赔偿金。这不仅违背了保险的本质要求，还会造成不良的社会影响。因此，必须坚持保险的本质要求，坚持保险利益原则，防止将保险演变为赌博，以维护社会公共利益，保证保险经营的科学性。

（二）防止道德风险的发生

投保人或被保险人对其所投保的保险标的如果不具有保险利益，那么保险标的的损毁不但不会使其蒙受经济损失，反而会带来几十倍、几百倍于保费的保险赔偿，这种"利润"就会使一些人铤而走险，从而产生违法犯罪行为。例如，投保人用他人的财产以自己为被保险人投保，或以与自己无关的他人的生命或身体作为保险标的，以自己为被保险人或受益人投保，为获保险赔偿金，就会故意损毁他人财物或危害他人的生命，极易导致他人受害。因此，必须坚持保险利益原则，最大限度地控制这种不道德行为的发生，有效地控制产生道德风险的诱因，最大限度地保护投保人或被保险人的实际利益。

（三）规定保险保障的最高额度

投保人或被保险人对其所投保的保险标的所具有的保险利益大小，决定了其保险保障的最高额度。超过投保人或被保险人所拥有的保险利益的部分，和前述赌博无异，同样会导致道德风险。因此，为了使投保人或被保险人既能够得到充足的保障，又不因保险而获得额外的利益，就必须要坚持保险利益原则。

三、保险利益的种类

（一）财产损失保险的保险利益

在财产损失保险中，保险利益并非物质财产本身，而是财产中所包含的与被保险人有关的利益。该利益是由于被保险人对保险标的具有某种利害关系而产生的，这种利害关系一般是指因法律上或合同上的权利或义务所产生的关系。通常，财产损失保险的保险利益有以下四种。

一是财产所有人的保险利益。财产所有人对其拥有的物质财产具有保险利益，可以为其财产投保相应的财产保险。财产可能为个人、单位所有，也可能与他人共有。如果是与他人共有，则每一财产所有人的保险利益仅限于他对共同财产所拥有的份额。

二是担保物权人(债权人)的保险利益。担保物权人(债权人)因债权债务的担保关系对有关财产有利害关系，因此对这些财产有保险利益。例如，银行发放购房抵押贷款，购房人将自己所购的房产抵押给银行，作为清偿贷款的担保。这里，购房人是抵押人，银行是抵押权人即债权人，银行对该房产同样具有保险利益，只是保险利益以其贷款为限。

三是财产受托人或保管人、货物承运人、承包人、承租人的保险利益。财产受托人、保管人、货物承运人、承包人、承租人由于对其所托、管、运、租的物质财产的安全负有法律责任，一旦该财物受损，上述各当事人就要承担赔偿责任，其经济利益必然会受到损失，从而对该财物具有保险利益。

四是经营者对合法的预期利益有保险利益。预期利益也称可得利益、预期利润，是指被保险人因对财产有现有利益而具有的可以预见的未来利益。例如，企业的财产是其获得经营利益的基础，现有财产的损毁必然导致其未来正常经营利润的减少，因此经营者对这种预期利润具有保险利益。不过，预期利益必须以现有利益为基础，是在正常情况下可以合理预见的利益。

（二）责任保险的保险利益

责任保险的保险标的是被保险人应负的民事损失赔偿责任。被保险人在生产经营、业务活动或日常生活中，因疏忽或过失造成他人人身伤害或财产损失的，按照法律规定应对受害人承担赔偿责任，或者被保险人虽无过失，但根据法律规定仍然需要承担对受害人的赔偿责任。因此，被保险人对这种民事损失赔偿责任具有保险利益。根据常见的责任保险分类方法，责任保险的保险利益主要包括以下几种。

一是公共场所的经营者或者管理人的保险利益。各种公共场所，如商场、饭店、医院、娱乐场所、公园、公共交通工具等的经营管理者应该依法对顾客、观众或者其他人在公共经营管理的公共场所遭受的人身伤害或财产损失承担赔偿责任。这些公共场所的经营管理者对该责任具有保险利益，可投保相应的公众责任保险。不过，为了避免同各种交通工具保险中的责任保险构成重复投保，实践中公众责任保险通常将各种交通工具的责任保险排除在外。

二是产品生产者、销售商的保险利益。产品的生产者、销售商(或者其他相关责任人)因其生产、销售的产品存在缺陷造成消费者或者其他人的人身伤害或财产损失的，依法应当承担赔偿责任。他们对该责任具有保险利益，可投保产品责任保险。

三是雇主(用人单位)的保险利益。雇员(员工)在受雇期间因从事本职工作而罹患职业病或遭受伤、残、死亡，雇主(用人单位)对其依法应承担的赔偿责任具有保险利益，可投保雇主责任保险。

四是专业技术人员的保险利益。律师、医师、会计师、设计师、工程师等专业技术人员在工作中致使顾客或者他人人身或者财产遭受损失的，他们对其依法应承担的赔偿责任具有保险利益，可投保相应的职业责任保险。

（三）信用保证保险的保险利益

在社会经济活动中，义务人的信用将直接影响权利人的利益。义务人的信用好，权利人受损失的机会就少；义务人的信用不好，权利人受损失的机会就会增加。因此，权利人对义务人的信用和义务人对自己的信用都具有保险利益。权利人就其面临的义务人的信用风险向保险人投保的是信用保险，义务人就其信用可能给权利人带来的风险向保险人投保的是保证保险，二者合称信用保证保险。

（四）人身保险的保险利益

人身保险的保险标的是被保险人的生命或身体。当投保人和被保险人之间存在某种利害关系时，才对被保险人具有保险利益。人身保险的保险利益主要有以下几种。

一是本人的保险利益。投保人对自己的生命或身体具有保险利益，因其自身的安全、健康与否与其自己的利益密切相关。任何具有相应民事行为能力的自然人都可以作为投保人，以自己为被保险人，与保险人订立各种人身保险合同，而且保险金额一般不受限制。即使投保人指定他人作为受益人，其本质也是基于自己的意志，将自己享有的权利转移给受益人享有。

二是家庭成员之间的保险利益。因婚姻、血亲、收养等关系形成的家庭成员之间相互具有保险利益。因为家庭成员之间存在着抚养关系，从而产生了经济上的利害关系。因此，家庭成员之间相互具有保险利益，如夫妻之间、父母与子女之间。有些国家的法律规定除有亲属关系外，还要有经济上互助的利益。

三是由劳动关系产生的保险利益。用人单位和员工由于劳动关系而产生经济上的利害关系，用人单位一般需要对员工的疾病、死亡、伤残、年老负担一部分费用，关键员工的疾病、伤残、死亡甚至会给用人单位造成重大损失，因而用人单位对于员工的生命或身体具有保险利益。

四是因债权债务关系、合作经济关系而产生的保险利益。在债权人与债务人之间，如果债务人在清偿债务之前死亡且遗产少于其生前所欠债款，或者被保险人因意外伤害或者疾病而高残，导致收入丧失或者大幅下降，债权人就可能遭受损失。因此，债权人对债务人的生命和身体具有保险利益，可作为投保人，以债务人为被保险人，债权人为受益人，同保险人订立死亡保险或者健康保险合同。当然，债权人的保险利益不能超过债权本金余额和相应利息。在合伙经营企业的人之间，如果中途一方死亡或丧失相应的能力，会使得合伙事业难以按时完成，无法获得预期收益，造成经济上的损失，因此合伙人之间相互具有保险利益。

综上所述，在我国，人身保险的保险利益是对投保人的要求。《保险法》规定，"投保人对下列人员具有保险利益：（一）本人；（二）配偶、子女、父母；（三）前项以外与投保人有抚养、赡养或者扶养关系的家庭其他成员、近亲属；（四）与投保人有劳动关系的劳动者。除前款规定外，被保险人同意投保人为其订立合同的，视为投保人对被保险人具有保险利益。"可见，在为他人的生命或身体投保时，我国采取利益原则与同意原则相结合的方式。一方面，要求投保人与被保险人之间有利害关系，形成保险利益；另一方面，只要经被保险人同意，投保人便对被保险人具有了保险利益。

小贴士[①]

A（男）与B（女）为大学同学，在校期间两人确立了恋爱关系。毕业之后，两人到了不同的地方工作，但仍然有书信往来，不改初衷。

A的生日快要到了，为了给他一个惊喜，B悄悄为A投保了一份人寿保单，准备作为生日礼物送给他。谁知天有不测风云，当A从外地匆匆赶往B所在的城市时，却遭遇车祸，A当场死亡。

B悲痛之余想到了自己为A投保的保单，于是向保险公司请求支付死亡保险金2万元。

保险公司在核保时，得知A这份人寿保单是在其本人不知情的情况下，由B私自

[①] 案例引自豆丁网（http://www.docin.com/p-1489266546.html）。

购买的。于是，保险公司便以B没有保险利益为由，拒绝给付保险金。B因此将保险公司告上法庭。

裁判要旨

法院支持了保险公司的主张，判决驳回B的诉讼请求。

案例分析

《保险法》第十二条规定："人身保险的投保人在保险合同订立时，对被保险人应当具有保险利益。"保险利益是指投保人对保险标的具有的法律上承认的利益。《保险法》第三十一条对人身保险的保险利益人范围做了规定："投保人对下列人员具有保险利益：（一）本人；（二）配偶、子女、父母；（三）前项以外与投保人有抚养、赡养或者扶养关系的家庭其他成员、近亲属；（四）与投保人有劳动关系的劳动者。除前款规定外，被保险人同意投保人为其订立合同的，视为投保人对被保险人具有保险利益。订立合同时，投保人对被保险人不具有保险利益的，合同无效。"

本案中，B、A仅仅是恋爱关系，B对A并无法律上认可的保险利益，因而保险合同无效。

第二节
最大诚信原则

一、最大诚信原则的含义

（一）最大诚信原则的概念

最大诚信原则是指保险合同主体在订立和履行合同过程中，应向对方提供影响对方作出订约与履约决定的全部实质性重要事实，并绝对信守合同订立的条件与承诺。所谓实质性重要事实，对于投保人而言，是指那些足以影响保险人判断风险大小、决定保险费率、确定是否接受风险转嫁，是否要求增加保险费、解除保险合同，或者是否应该拒绝赔偿或减少赔款的各种情况；对于保险人而言，是指足以影响投保人决定是否投保的各种情况，主要是指保险合同的格式条款，特别是责任免除条款。

诚实信用原则是人们在民事和商业活动中应该遵循的基本原则。诚实信用原则要求民商活动主体诚实守信，以善意的方式履行其义务，不得滥用权利和规避法定或约定义务，维持当事人之间的利益及当事人利益和社会利益之间的平衡。

保险作为一种重要的商业活动，要求活动主体在订立和履行保险合同过程中也应该遵守诚实信用原则；而且，相较其他民商活动，保险活动当事人和关系人的诚信要求更为严格，因此被称为"最大诚信原则"。

根据我国《合同法》的规定，订立合同过程中一方存在欺诈行为的，对方有权要求变更或者撤销合同。《保险法》规定，订立保险合同过程中如果投保人没有履行如实告知义务，保险人有权解除保险合同，对合同解除前发生的保险事故不承担保险责任，而且可能不退还保险费；保险人没有履行合同责任免除条款的提示或者说明义务的，该责任免除条款无效。此外，《保险法》还规定在保险合同履行过程中，投保人、被保险人或者受益人需要履行多项通知义务和保证义务，否则需要承担不利的法律后果。

（二）最大诚信原则产生的原因

保险合同之所以要求保险当事人遵循最大诚信原则，主要是因为保险当事人双方的信息不对称可能影响到合同的订立和履行。

对于保险人而言，对于保险标的所面临的风险及有关情况存在信息劣势。由于保险人在订立保险合同时主要根据投保人告知来决定是否承保、如何承保以及保险费率的高低，因此投保人的告知是否属实和准确，对保险人的决策及其所承担的义务至关重要。如果投保人告知不实或有意欺骗，保险人是难以及时发现的。其次，保险期间保险标的风险显著增加、保险标的的转让和保险事故的发生等事项也是投保人更容易获知的。最后，保险期间投保人是否能够按照法律规定、合同约定或者行业惯例严格遵守保证事项，保险人不可能随时检查。同时，由于保险合同是射幸合同，一旦发生保险事故，被保险人或者受益人所获得的保险金是投保人所交保费的数十倍、百倍、千倍甚至更多，这又容易诱发投保人故意不履行诚信义务。因此，投保人必须遵循最大诚信原则，在投保时和合同有效期内履行如实告知、通知、保证等一系列法定义务或者合同义务。

对于投保人而言，对于保险合同主要条款和内容等有关情况存在信息劣势。由于保险合同属于格式合同，合同主要条款和内容都是由保险人单方拟定的，投保人只能同意或不同意，而且保险合同条款专业性强，又非常复杂，普通投保人或被保险人不易理解与掌握，因此保险人也必须遵循最大诚信原则，在订立合同时应当如实向投保人提示、解释、说明保险条款，不能以任何方式欺骗投保人或被保险人。

二、最大诚信原则的内容

最大诚信原则的主要内容包括告知、保证、弃权与禁止反言。

（一）告知

1. 告知的内容

告知是指保险合同订立之前、订立时及在合同有效期内，投保人应对已知或应知的风险和标的有关的实质性重要事实向保险人做口头或书面的申报，保险人也应将与投保人利害相关的实质性重要事实据实通告投保人。

具体来讲，在订立保险合同时，投保人或被保险人应把有关投保标的的风险情况、是否具有保险利益及其自身的一些事实情况主动如实地向保险人申报；同时，保险人应就保险合同的条款内容、费率以及其他可能影响投保人作出投保选择的事实情况如实告知。

在保险合同有效期内，如果保险标的的风险发生变化，或保险人承担的责任范围有所扩大，被保险人必须履行告知的义务，以便保险人决定是否继续承担保险责任，或以什么条件继续承保。我国《保险法》第五十二条规定："在合同有效期内，保险标的的危险程度显著增加的，被保险人应当按照合同约定及时通知保险人，保险人可以按照合同约定增加保险费或者解除合同。保险人解除合同的，应当将已收取的保险费，按照合同约定扣除自保险责任开始之日起至合同解除之日止应收的部分后，退还投保人。"例如，在海上保险中，船舶中途改变航线时，被保险人应及时告知保险人。

在保险事故发生时，被保险人应及时将保险标的的受损情况、施救费用等如实告知保险人。在财产保险中，被保险人在索赔时还应申报对保险标的所具有的保险利益，同时提供保险人所要求的各种真实证明，以便保险人履行赔偿义务。

2. 投保人的告知形式

投保人的告知形式分为两种，即无限告知和询问回答告知。

所谓无限告知，又称客观告知，即法律对告知的内容没有确定性的规定，投保人或被保险人自行尽量将保险标的的风险状况及有关重要事实如实告知保险人。

所谓询问回答告知，又称主观告知，是指投保人或被保险人对保险人询问的问题必须如实告知，对询问以外的问题则视为非实质性重要事项，投保人无须告知。我国《保险法》第十六条规定："订立保险合同，保险人就保险标的或者被保险人的有关情况提出询问的，投保人应当如实告知。"

上述两种告知形式可以结合使用。在订立保险合同时，保险人会根据不同险种制定询问表，该表列出了保险人认为重要的问题，投保人应如实填写。对表中没有详尽列出的问题，保险人仍然可以要求投保人如实告知。对于合同订立后的通知义务和说明义务，被保险人应本着最大诚信原则，主动履行无限告知义务。

3. 保险人的告知形式

保险人的告知方式主要是明确说明。《保险法》第十七条规定："订立保险合同，采用保险人提供的格式条款的，保险人向投保人提供的投保单应当附格式条款，保险人应当向投保人说明合同的内容。对保险合同中免除保险人责任的条款，保险人在订立合同时应当在投保单、保险单或者其他保险凭证上作出足以引起投保人注意的提示，并对该条款的内容以书面或者口头形式向投保人作出明确说明；未作提示或者明确说明的，该条款不产生效力。"

根据《最高人民法院研究室关于对〈保险法〉第十七条规定的"明确说明"应如何理解的问题的答复》（（法研）〔2000〕5号），这里所规定的"明确说明"，是指保险人在与投保人签订保险合同之前或者签订保险合同之时，对于保险合同中所约定的免责条款，除了在保险单上提示投保人注意外，还应当对有关免责条款的概念、内容及其法律后果等，以书面或者口头形式向投保人或其代理人作出解释，以使投保人明了该条款的真实含义和法律后果。

（二）保证

保证主要是对投保人的要求，也是保险合同赖以存在的基础。由于保险合同是基于投保时保险标的的风险状况订立的，保险人所收取的保险费也是以风险不再增加，或以不能存在其他危险标的为前提的，因此投保人或被保险人需要为维持保险标的的风险状况作出保证。

所谓保证，是指保险人在签发保险单或者承担保险责任之前要求投保人或者被保险人对某种特定事项的作为或不作为，对某种事项的存在与否作出的承诺或确认。根据保证存在的形式，保证可以分为明示保证和默示保证。

明示保证是在保险合同中有明确记载的保证。根据保证事项是否存在，明示保证又可分为确认保证和承诺保证。确认保证是指投保人或被保险人对过去或现在某一特定事实的存在或不存在的保证。例如，在签订人身保险合同时，某人确定他从未患过某种疾病，是指他投保前直至现在没有患过这种疾病，但并不涉及他今后是否患此病。承诺保证是指投保人或被保险人对将来某一事项的作为或不作为的保证。例如，汽车保险条款载明："被保险人或其雇用的司机对被保险的汽车应该妥善维护，使其经常处于适宜驾驶的状态，以防止发生事故。"此条款要求被保险人从现在订立保险合同起直到将来，保证对汽车维护并使其处于适宜驾驶的状态，而对被保险人过去对汽车维护与否不做要求。保证条款对投保人或被保险人来说是一种利益上的约束。各国保险立法均加以限制，使保险合同中的保证条款能正常运作，在履行保证条款时要求：一是保证的事项必须是重要的；二是投保单中的保证条款应在保险单中加以确认或重新载明；三是如被保险人违反保证义务，保险人应向被保险人发出书面通知，方可解除合同。

默示保证则是指不在保险合同中载明的，根据有关的法律、惯例及行业通行准则，以及社会公认的投保人或被保险人应该在保险实践中遵守的保证。默示保证的法律效力同明示保证一样，不得违反。默示保证在海上保险中运用较多。例如，海上保险常见的默示保证有三项：一是船舶适航性的保证，即船主在投保时，保证船舶的构造、设备、驾驶管理员等都符合安全标准，能合理地适于所投保航次的一般海上风险；二是船舶不得绕航的保证，即被保险人保证其船舶航行于经常与习惯的航道中，除非因躲避暴风雨或救助他人而改变航道；三是航行合法性的保证，即被保险人保证其船舶不从事非法经营或运输违禁品等。

（三）弃权与禁止反言

为了保障被保险人的利益，避免保险人利用违反告知或保证而拒绝承担保险责任，各国保险法一般都有弃权与禁止反言的规定，以约束保险人的行为。

所谓弃权，是指保险人放弃他在保险合同中可以主张的权利，如保险人放弃因投保人或被保险人违反告知或保证义务而产生的保险合同解除权。保险人的弃权，可以采用明示或默示方式。禁止反言也称禁止抗辩，是指保险人既已放弃他在合同中的某种权利，将来不得再向对方主张这种权利。《保险法》第十六条规定："前款规定的合同解除权，自保险人知道有解除事由之日起，超过三十日不行使而消灭。自合同成立之日起超过二年的，保险人不得解除合同；发生保险事故的，保险人应当承担赔偿或者给付保险金的责任。"

在保险合同中，弃权与禁止反言的规定是对被保险人利益的维护。近年来，我国保险代理队伍发展比较快，保险代理人是基于保险人的授权以保险人的名义从事保险业务的，因此，保险代理人可能为增加佣金而不认真或故意不按照保险条件承保，保险合同一旦成立生效，保险人就不能再向投保人主张未达到的保险条件，这时保险人不得以代理人的行为有违保险条件而解除保险合同，这就是弃权与禁止反言。当然，保险人在这种情况下，也可以在维持保险合同效力的同时，根据保险代理人对保险代理合同的违反情况追究保险代理人的责任。

三、违反最大诚信原则的后果

（一）投保人、被保险人、受益人违反最大诚信原则的法律后果

1. 投保人违反如实告知义务的法律后果

投保人违反如实告知义务的情形分为投保人故意不履行如实告知义务和投保人因重大过失未履行如实告知义务两种情形。《保险法》第十六条规定："投保人故意或者因重大过失未履行前款规定的如实告知义务，足以影响保险人决定是否同意承保或者提高保险费率的，保险人有权解除合同。"第三十二条规定："投保人申报的被保险人年龄不真实，并且其真实年龄不符合合同约

定的年龄限制的，保险人可以解除合同，并按照合同约定退还保险单的现金价值。保险人行使合同解除权，适用本法第十六条第三款、第六款的规定。"

同时，保险法还进一步细化了两种情形的法律后果：一是投保人故意不履行如实告知义务的，保险人对于合同解除前发生的保险事故，不承担赔偿或者给付保险金的责任，并且不退还保险费。二是投保人因重大过失未履行如实告知义务，对保险事故的发生有严重影响的，保险人对于合同解除前发生的保险事故，不承担赔偿或者给付保险金的责任，但应当退还保险费。

2. 投保人、被保险人或受益人不履行通知义务的法律后果

一是被保险人不履行保险标的转让通知义务的法律后果。《保险法》第四十九条规定："被保险人、受让人未履行本条第二款规定的通知义务的，因转让导致保险标的危险程度显著增加而发生的保险事故，保险人不承担赔偿保险金的责任。"

二是被保险人不履行保险标的危险程度显著增加通知义务的法律后果。《保险法》第五十二条规定："被保险人未履行前款规定的通知义务的，因保险标的的危险程度显著增加而发生的保险事故，保险人不承担赔偿保险金的责任。"

三是投保人、被保险人或者受益人不履行保险事故发生通知义务的法律后果。《保险法》第二十一条规定："……故意或者因重大过失未及时通知，致使保险事故的性质、原因、损失程度等难以确定的，保险人对无法确定的部分，不承担赔偿或者给付保险金的责任，但保险人通过其他途径已经及时知道或者应当及时知道保险事故发生的除外。"

3. 被保险人不履行保证义务的法律后果

《保险法》没有规定人身保险合同中被保险人的保证义务，因此人身保险合同中被保险人的保证义务全部是明示保证义务，被保险人不履行保证义务的后果也需要由合同约定。

被保险人违反保证会使保险标的风险程度显著增加，因此，财产保险合同中被保险人不履行明示保证义务的法律后果通常是保险人有权解除合同或者要求增加保险费。例如，《保险法》第五十一条规定："投保人、被保险人未按照约定履行其对保险标的的安全应尽责任的，保险人有权要求增加保险费或者解除合同。"《海商法》第二百三十五条规定："被保险人违反合同约定的保证条款时，应当立即书面通知保险人。保险人收到通知后，可以解除合同，也可以要求修改承保条件、增加保险费。"如果因被保险人不履行保证义务且没有通知保险人并因违反保证引起保险事故，保险人则可以根据《保险法》第五十二条第二款的规定拒绝承担保险责任。

被保险人违反默示保证的法律后果通常由法律直接规定。例如，《海商法》第二百四十四条规定："除合同另有约定外，因下列原因之一造成保险船舶损失的，保险人不负赔偿责任：（一）船舶开航时不适航，但是在船舶定期保险中被保险人不知道的除外……"

（二）保险人违反最大诚信原则的法律后果

保险人弃权的法律后果就是禁止反言，前文已经阐述过了。另外，法律虽然规定保险人应当一次性通知投保人或被保险人补充索赔资料，但是并没有规定保险人不履行此项义务的法律责任。因此，此处保险人违反最大诚信原则的法律后果主要是指保险人不履行格式条款提示、解释、说明义务的法律后果。《保险法》第十七条规定："对保险合同中免除保险人责任的条款，保险人在订立合同时应当在投保单、保险单或者其他保险凭证上作出足以引起投保人注意的提示，并对该条款的内容以书面或者口头形式向投保人作出明确说明；未作提示或者明确说明的，该条款不产生效力。"不过，格式保险合同中出现的责任免除条款也是法律或者行政法规所规定的条款，则即使保险人没有履行提示、解释和说明义务，投保人、被保险人或者受益人也不能据此规定而主张其无效。

保险基础知识

小贴士[①]

张某为某中学初中学生，学校让学生统一购买保险，每位新生缴纳平安险10元、医疗险25元。张某投保后某一日突然腹部剧烈疼痛，送至医院后确诊为左肾输尿管狭窄，左肾重度积水（此为突发性先天疾病）。张某之后共动了三次手术，术后其父向保险公司提出报销医药费请求。

保险公司认为张某是带病投保，不符合投保条件，且对先天性疾病，保险合同规定不予赔偿。张某的父亲不服，诉至法院。

裁判要旨

法院支持张某父亲的诉讼请求，判决保险公司按照保险合同支付保险赔偿金。

案例分析

本案中，对于原发性先天疾病，张某及其父在投保前并不知道，所以不违反诚信原则。同时，保险公司虽然有免赔条款，但未尽到特别说明义务，导致合同双方信息不平等，不符合诚信原则的要求，故免赔条款不产生效力。因此，保险公司应当给予赔付。

[①] 案例引自百度文库（https://wenku.baidu.com/view/bb92d0ef0066f5335b81210f.html）。

第三节
近因原则

一、近因原则的含义

近因原则是保险经营的又一个重要原则。它是指保险赔偿以损失发生的近因属于承保风险为要件的原则。英国《1906年海上保险法》第五十五条对近因原则做了如下定义："任何灭失的近因是由承保的风险所造成的，保险人应承担责任。"这个原则为各国所采用，沿用至今。

什么是近因？保险所讲的近因，是指造成保险损失事件的最直接、最有效、起主导作用的原因，但并非指时间上、空间上最接近损失的原因。近因与风险事故的发生有直接的因果关系，它是一种活跃而有效的动因，在效果上有支配力，它直接促使某种事件产生后果，是诱发事件的主要原因或在诸多因素中起支配作用的因素。例如，司机酒后驾车造成交通事故，近因是司机酒驾。又如，有人趁火灾之际偷盗物品，则被盗物品损失的近因不是火灾，而是盗窃。

如何判断近因？认定近因的关键是确定风险因素与损失之间的关系。一般会采用倒推法，即从损失开始，按照逻辑推理，分析引起损失的原因是否是前一事件，如果是，再继续分析导致前一事件发生的原因，直到最初事件为止。以"赖斯彻尔诉博里克"案为例：一艘拖船在航行中触礁，结果导致船体开洞，于是船员用塞子堵水，在拖港修理途中塞子脱落，船舶进水，最终沉没。本案在审理中，保险人以拖港途中塞子脱落而进水属于不保的海上固有风险进行抗辩，最终法庭判决触礁是船舶沉没的近因，属于保险责任，保险人应当赔偿。本案用上述倒推法判断：船舶进水沉没→由于塞子脱落→塞子是用来堵水的→因为船体有洞→因为船舶触礁，从而分析出船舶触礁是近因。

在保险理赔中必须遵循近因原则。按照近因原则，当保险标的遭受风险事故而受损，损失的近因属于承保的风险时，保险人才予以赔付；如果损失的近因不属于承保的风险，保险人不给予赔付。

在保险理赔中只有坚持近因原则，才能够明确所发生的损失是否是保险责任范围内的风险所致，才能够使保险人和投保人的权利义务对等，才能够避免误赔、超赔的现象，防止道德风险，切实起到保障人们的生命和财产安全的作用。因此，目前世界各国一般都采取近因原则来断定损失原因及处理赔案。

二、近因原则的具体适用

（一）单一原因造成损失

造成保险标的损失的原因只有一个，这个原因就是损失的近因。如果这个近因属于承保风险，保险人应对损失负保险责任；如果这个近因不属于承保风险，则保险人不予赔付。例如，某人投保了家庭财产保险并附加盗窃险，某日家中被盗，保险人应负责赔偿；如果他只投保了家庭财产保险，未附加盗窃险，被盗仍为近因，但保险人不负有赔偿责任。

（二）同时发生的多项原因造成损失

造成保险标的损失的原因有多个，且难以确定先后顺序，视为多种原因同时作用。在这种情况下，不能以先后次序作为推断的依据，应当视具体原因区别对待。

（1）多项原因都是保险责任范围内的原因，保险人对这些原因所致损失均负赔偿责任；反之，若多项原因均属责任免除，则保险人不承担赔偿责任。

(2) 多项原因中既有保险责任，又有责任免除，且各自造成保险标的损失的界限往往难以准确划分。在此种情形下，保险人是否应当承担保险责任以及如何承担保险责任在我国实践中存在很大争议。如果没有办法确定造成保险标的损失的近因是承保风险还是不保风险，理论上保险人可以不予赔付。但是，这对被保险人来说是不公平的。实践中，司法机关经常运用比例因果关系理论来处理此类案件引起的争议。例如，《广东省高级人民法院关于审理保险纠纷案件若干问题的指导意见》(粤高法发〔2008〕10号)第二十条规定："保险事故原因不明，或者多个原因造成保险事故，其中有承保风险又有非承保风险的，保险人应按承保风险占事故原因的比例或程度承担保险责任。"

（三）连续发生的多项原因造成损失

如果损失的发生由多个有因果连续关系的原因造成，则最初的原因为近因，保险人赔偿的处理方式有以下几种。

(1) 连续发生的原因都是承保风险，则对保险事故发生后的一切损失，保险人都负责赔付。例如，雷击引起火灾，火灾引起爆炸，则企业财产保险的保险人对所有损失均负有赔偿责任。

(2) 在连续发生的原因中，若前因是承保风险，后因是不保风险，但后因是前因的直接的延续和后果，则保险人对所有损失均负责赔付。例如，一艘装有皮革与烟草的船舶投保了"水渍险"，遭遇海难，大量的海水侵入使皮革腐烂，海水虽未直接接触包装烟草的捆包，但腐烂皮革散发的气味，致使烟草串味变质。烟草未被水浸，保险人对烟草的损失是否应当赔偿？用倒推法来分析：烟草变质是被皮革腐烂的气味所熏，皮革腐烂是由于海水侵入所致，海水侵入是船舶遭遇海难。从以上分析可得出结论：海难是近因，因此保险人对皮革与烟草的损失均应赔付。

(3) 在连续发生的原因中，若前因是不保风险，后因是承保风险，后因是前因的必然结果，则保险人对所有损失均不予赔付。例如，因地震(不保风险)的发生而引起火灾(承保风险)，烧毁了被保的家庭财产，由于损失的近因是地震而不是火灾，而地震属于保险合同约定的责任免除，故保险人对标的财产的损失不负有赔偿责任。

（4）在连续发生的原因中，前因与后因均属于不保风险，则保险人对损失不予赔付。例如，船舶因航海延迟致使舱内水果变质，虽说气候变化也是造成水果变质的原因之一，但延迟是致损的近因，延迟致使水果保存时间过长，而延迟又是海上货物运输保险合同中约定的责任免除，故保险人不负有赔偿责任。

（四）间断发生的多项原因造成损失

损失是由两个以上不相关联的原因引起的，如果造成损失的多项原因中既有承保风险又有不保风险，则保险人仅对由承保风险造成的损失予以赔付，对不属于承保风险造成的损失不予赔付。若造成损失的多项原因中没有承保风险，则保险人对损失不予赔付。

> **小贴士**[①]
>
> 人们普遍认为，近因原则产生于18至19世纪的英国，著名的"蒙托亚—伦敦保险公司讼案"（1851）就是一个典型的近因原则适用案例。法官在裁决这一案例时宣布："在航行中一艘满载皮革和烟草的货船，突然船舱进水，海水腐蚀了皮革，但并没有浸湿烟草，也没有浸湿包装烟草的纸箱；尽管如此，腐烂皮革散发的臭气仍然毁坏了烟草。法庭认为，船舱进水事故是导致烟草和皮革损失的原因。"
>
> 在这个案件中，船舱进水延伸的因果联系没有中断过，并且导致了最终结果的发生。在此种情况下，多种原因依次发生，连续不断，而且有前因后果的关系，则最先发生并造成一连串事故的原因为近因。

[①] 案例引自百度百科（http://www.66law.cn/topic2010/a4453/）。

第四节 损失补偿原则

一、损失补偿原则的含义

经济补偿是保险的基本职能,是保险本质的体现,因而损失补偿原则也是保险的重要原则。

损失补偿原则是指保险合同生效后,如果发生保险责任范围内的损失,被保险人有权按照合同的约定,获得全面、充分的赔偿。保险赔偿的目标是弥补被保险人由于保险标的遭受损失而失去的经济利益,被保险人不能因保险赔偿而获得额外的利益。

损失补偿原则体现了保险的本质要求,即确保被保险人通过保险可以获得经济保障,同时又要防止被保险人利用保险从中牟利,从而保证保险事业健康、有序地发展。

二、损失补偿原则的基本内容

(一)被保险人请求损失赔偿的条件

被保险人请求保险赔偿时必须具备以下条件。

1. 被保险人对保险标的具有保险利益

根据前述保险利益原则，财产保险特别要求在保险事故发生时，被保险人对保险标的必须具有保险利益，否则就不能取得保险赔偿。

2. 被保险人遭受的损失在保险责任范围之内

这里包括两个方面：一是遭受损失的必须是保险标的，二是保险标的的损失必须是由保险责任范围内的风险造成的。只有符合这两个条件，被保险人才能要求保险赔偿，否则保险人不承担赔偿责任。

3. 被保险人遭受的损失能用货币衡量

如果被保险人遭受的损失不能用货币衡量，保险人就无法核定损失，从而也无法支付保险赔款。

（二）保险人履行损失赔偿责任的限度

坚持损失补偿原则，就要求保险人在履行赔偿责任时，必须把握损失赔偿责任的限度，以保证被保险人既能恢复失去的经济利益，又不会由于保险赔偿而额外受益。

1. 以实际损失为限

当投保财产遭受保险责任范围内的损失时，保险人按合同规定承担赔偿责任，其支付的保险赔款不得超过被保险人的实际损失。实际损失是根据损失当时财产的实际价值来确定的，而财产的价值与市价有关，所以实际损失的确定通常要以损失当时财产的市价为依据(定值保险和重置价值保险例外)。例如，某类设备按实际价值100万元投保，因火灾遭受全损，损失当时市价跌落，该类设备的市价为80万元，则保险人只能按市价，即按照实际损失赔偿被保险人80万元。

2. 以保险金额为限

保险金额是保险人承担赔偿责任的最高限额，所以保险赔款不能超过保险金额，只能低于或等于保险金额。如上例，假设损失当时的市价上涨，如该类设备的市价是120万元，这时虽然被保险人的实际损失是120万元，但由于保险金额是100万元，所以，保险人只能以保险金额为限赔付100万元。

3. 以保险利益为限

保险利益是保险保障的最高限度，保险赔款不得超过被保险人对遭受损失的财产所具有的保险利益。例如，在抵押贷款中，借款人为取得60万元贷款而将价值100万元的房子抵押给贷款人（如银行），贷款人为保证贷款的安全，将抵押品——房子投保财产保险，由于贷款人对该房子只有60万元的保险利益，所以，当房子遭受损失时，保险人只能根据保险利益最多赔偿被保险人即贷款人60万元。

（三）损失赔偿方式

损失赔偿方式是损失补偿原则的具体应用。财产保险赔偿方式主要有两种。

1. 第一损失赔偿方式

第一损失赔偿方式指在保险金额限度内，按照实际损失赔偿。其计算公式为

（1）当损失金额≤保险金额时：

$$赔偿金额=损失金额$$

（2）当损失金额>保险金额时：

$$赔偿金额=保险金额$$

第一损失赔偿方式是把保险财产的价值分为两个部分：第一部分为保险金额以内的部分，这部分已投保，保险人对其承担损失赔偿责任；第二部分是超过保险金额的部分，这部分由于未投保，因此保险人不承担损失赔偿责任。由于保险人只对第一部分的损失承担赔偿责任，故称为第一损失赔偿方式。

一般来讲，家庭财产保险的理赔会采用第一损失赔偿方式。

2. 比例赔偿方式

这种赔偿方式是按保障程度，即保险金额与损失当时保险财产的实际价值的比例计算赔偿金额。其计算公式为

$$赔偿金额=损失金额 \times \frac{保险金额}{损失当时保险财产的实际价值}$$

保险基础知识

当保险金额大于或等于损失当时保险财产的实际价值时，被认为是足额保险，即保障程度是100%。因此，采用比例赔偿方式，保障程度越高，即保险金额越接近保险财产的实际价值，赔偿金额也就越接近损失金额。如果保障程度是100%，赔偿金额就等于损失金额。所以，被保险人若想得到十足的补偿，就必须按财产的实际价值足额投保。

多数财产保险的理赔中会以比例赔偿方式为基础。

小贴士[①]

刘某为自己投保了医疗费用报销保险，由于生病住院花去医疗费用5 000元，刘某在社会医疗保险和其他报销机构已经报销了2 600元，随后刘某又向保险公司申请报销全部的医疗费用5 000元，保险公司按照损失补偿原则，赔付刘某2 400元。

案例分析

损失补偿原则要求当保险标的发生保险责任范围内的损失时，通过保险赔偿，使保险人恢复到受灾害前的经济原状，但不能因损失而获得额外收益，从而防止道德风险。这条原则包含两层含义：一是补偿以保险责任范围内损失的发生为前提，二是补偿以被保险人的实际损失为限。

在本案例中，刘某购买的医疗费用报销保险属于补偿性保险，适用损失补偿原则，考虑到刘某已在社会医疗保险和其他报销机构报销2 600元，若保险公司赔偿刘某5 000元，那么刘某就重复获利2 600元，便因保险而"赚钱"了，这样就有违保险的损失补偿原则。因此，保险公司只需要赔付2 400元就足以弥补刘某的损失。

[①] 案例引自中国新闻网（http://www.chinanews.com/fortune/2011/04-08/2960634.shtml）。

第五节
损失补偿原则的派生原则

一、代位追偿原则

（一）代位追偿原则的含义

代位追偿原则是损失补偿原则派生的原则。代位追偿原则是指在财产保险中，保险标的发生保险事故造成推定全损，或者保险标的由于第三者责任导致保险责任范围内的损失，保险人按照合同的约定履行赔偿责任后，依法取得对保险标的的所有权或对保险标的损失负有责任的第三者的追偿权。

坚持代位追偿原则，一方面体现损失补偿原则，防止被保险人由于保险事故的发生，从保险人和第三者责任方获得双重赔偿而额外获利。当保险事故由第三者责任造成时，被保险人有权依据保险合同向保险人请求赔偿，也有权对造成损失的第三者请求赔偿。由于被保险人同时拥有两方面的损失赔偿请求权，那么被保险人行使请求权的结果，将使其就同一保险标的的损失获得双重的或者多于保险标的实际损失的补偿，这不符合损失补偿的原则。所以，在被保险人取得保险赔偿后，应当将向第三者请求赔偿的权利转移给保险人，由保险人代位追偿。

坚持代位追偿原则，另一方面则是为了维护社会公共利益，使致害人必须承担相应的损失赔偿责任，保障保险当事人双方的合法权益不受侵害。当保险事故由第三者责任造成时，致害人应对受害人承担相应的经济赔偿责任，不能因为受害人享受保险赔偿而免除赔偿责任。所以，代位追偿既使致害人无论如何都应承担损失赔偿责任，也使保险人从过失方追回支付的赔偿费用，维护保险人的合法权益。

代为追偿原则主要包括权利代位和物上代位。

（二）权利代位

权利代位即追偿权的代位，是指在财产保险中当保险标的遭受保险事故损失而依法应由第三者承担赔偿责任时，保险人在支付了保险赔款后，在赔偿金额的限度内相应取得对第三者的索赔权利。

我国《保险法》第六十条规定："因第三者对保险标的的损害而造成保险事故的，保险人自向被保险人赔偿保险金之日起，在赔偿金额范围内代位行使被保险人对第三者请求赔偿的权利。"《海商法》第二百五十二条规定："保险标的发生保险责任范围内的损失是由第三人造成的，被保险人向第三人要求赔偿的权利，自保险人支付赔偿之日起，相应转移给保险人。"

在财产保险中，当保险标的发生损失，既属于保险责任，又属于第三者负有经济赔偿责任时，被保险人有权向保险人请求赔偿，也可以向第三者责任方请求赔偿。如果被保险人向保险人提出索赔，保险人则要考虑被保险人是否从第三者责任方取得了赔偿以决定赔付额度。如果被保险人已从第三者责任方取得全部赔偿，保险人可免去赔偿责任；如果被保险人从第三者责任方得到部分赔偿，保险人在支付赔偿金时，可以相应扣减被保险人从第三者责任方已取得的赔偿。同时，保险人按照保险合同的规定支付保险赔款后，被保险人应将向第三者责任方追偿的权利转移给保险人，由保险人代位行使向第三者责任方追偿的权利。被保险人不能同时取得保险人和第三者责任方的赔款而获得双重或多于保险标的实际损失的补偿。

1. 代位追偿权产生的条件

代位追偿权的产生必须具备下列三个条件：

（1）损失事故发生的原因、受损的标的都属于保险责任范围。

（2）保险事故的发生是由第三者责任方的责任造成的，肇事方依法应对被保险人承担民事损害赔偿责任，被保险人依法向第三者责任方提出赔偿请求，并在取得保险赔款后将向第三者责任方请求赔偿权转移给保险人，由保险人代位追偿。

（3）保险人按合同的规定对被保险人履行赔偿义务之后，才有权取得代位追偿权。

2. 保险人在代位追偿中的权益范围

保险人在代位追偿中享有的权益以其对被保险人赔付的金额为限，如果保险人从第三者责任方追偿的金额大于其对被保险人的赔偿，则超出的部分应归被保险人所有。这是由于保险代位追偿的目的在于防止被保险人取得双重赔款而获得额外的利益，从而保障保险人的利益。但同样，保险人也不能通过行使代位追偿权而获得额外的利益，侵害被保险人的利益。

当保险人支付的赔偿金额不足以弥补第三者责任方造成的损失时，被保险人依然有权就未取得保险赔偿部分对第三者责任方请求赔偿。例如，我国《保险法》第六十条规定："保险人依照本条第一款规定行使代位请求赔偿的权利，不影响被保险人就未取得赔偿的部分向第三者请求赔偿的权利。"

3. 保险人取得代位追偿权的方式

代位追偿权的取得方式一般有两种：一是法定方式，即代位追偿权的取得无须经过任何人的确认；二是约定方式，即代位追偿权的取得必须经过当事人的磋商、确认。根据我国《保险法》第六十条的规定，保险人代位追偿权的取得采用法定方式，保险人自向被保险人赔偿保险金之日起，在赔偿金额范围内代位行使被保险人对第三者责任方请求赔偿的权利，而无须经过被保险人的确认。但是，在实践中，保险人支付保险赔款后，通常要求被保险人出具"权益转让书"。从法律规定上看，"权益转让书"并非权益转移的要件，所以，被保险人是否出具"权益转让书"并不影响保险人取得代位追偿权。但这一文件能起到确认保险赔款时间和赔款金额，同时也就确认了保险人取得代位追偿权的时间和向第三者责任方追偿所能获得的最高赔偿额的作用。

虽然保险人支付保险赔款后即依法取得代位追偿权，但保险人能否顺利履行和实现其代位追偿权,还需要注意以下问题:一是保险事故发生后,保险人未赔偿保险金之前,被保险人放弃对第三者责任方请求赔偿的权利的,保险人不承担赔偿保险金的责任。二是保险人向被保险人赔偿保险金后,被保险人未经保险人同意,放弃对第三者责任方请求赔偿的权利的,该行为无效。三是被保险人故意或者因重大过失致使保险人不能行使代位请求赔偿的权利的,保险人可以扣减或者要求返还相应的保险金。四是被保险人不得弃权或过失而侵害保险人代位追偿的权益,同时还负有协助保险人向第三者责任方追偿的义务,包括提供必要的文件和其所知道的有关情况。

4. 代位追偿的对象及其限制

保险代位追偿的对象为对保险事故的发生和保险标的的损失负有民事赔偿责任的第三者,它可以是法人,也可以是自然人。不过,根据《保险法》第六十二条,除被保险人的家庭成员或者其组成人员故意造成本法第六十条第一款规定的保险事故外,保险人不得对被保险人的家庭成员或者其组成人员行使代位请求赔偿的权利。这是因为被保险人的家庭成员或其组成人员往往与被保险人具有一致的利益,向被保险人的家庭成员或其组成人员追偿损失,则无异于又向被保险人索还,被保险人的损失将得不到真正的补偿。因此,保险人不得向被保险人的家庭成员或其组成人员行使代位求偿权,除非他们故意造成保险事故的发生。

通常,保险人依法取得对第三者的代位追偿权的情况有以下几种。

(1)第三者对被保险人的侵权行为,导致保险标的遭受保险损失,依法应承担损失赔偿责任。所谓侵权行为,是指"因作为或不作为而不法侵害他人财产或人身权利的行为"。我国《民法通则》第一百零六条第二款、第三款规定:"公民、法人由于过错侵害国家的、集体的财产,侵害他人财产、人身的应当承担民事责任。""没有过错,但法律规定应当承担民事责任的,应当承担民事责任。"民事责任以经济利益为特点,即受害人所遭受的经济损失要由致害人给予补偿。所以,第三者应对其侵权行为导致的保险标的的损失承担赔偿责任。例如,第三者违章行驶,造成交通事故,导致被保险人投保车辆损失的,依法应对被保险人承担侵权的民事损失赔偿责任;因产品质量不合格,造成保险标的损失的，产品的制造商、销售商应对被保险人承担侵权的民事损失赔偿责任。

(2)第三者不履行合同规定的义务，造成保险标的损失的，根据合同的约定，第三者应对保险标的的损失承担赔偿责任。如在货物运输保险中，由于承运人的野蛮装卸，造成运输货物的损毁，根据运输合同的规定，承运人应对被保险人承担损失赔偿责任。

(3)第三者不当得利行为，造成保险标的损失的，依法应承担赔偿责任。如第三者盗窃，非法占有保险标的，造成被保险人的损失的，根据法律，如果案件破获，应当向第三者即窃贼进行追偿。

(4)其他依据法律规定，第三者应承担的赔偿责任。如共同海损的受益人对共同海损负有分摊损失的责任。

(三) 物上代位

物上代位又称所有权代位，是指保险标的因遭受保险事故而发生全损或推定全损，保险人在按保险金额全额支付保险赔偿金之后，取得对该保险标的物的所有权，即代位取得对受损保险标的的权利和义务。

1.物上代位产生的基础

一般来说，物上代位产生于对保险标的做推定全损的处理。所谓推定全损，是指保险标的遭受保险事故尚未达到完全损毁或完全灭失的状态，但实际全损已不可避免，或者修复和施救费用将超过保险价值，或者失踪达一定时间，保险人按照全损处理的一种推定性的损失。由于推定全损是保险标的并未完全损毁或灭失，即还有残值，而失踪可能是被他人非法占有并非物质上的灭失，日后或许能够得到索还，所以保险人在按全损支付保险赔款后，理应取得保险标的的所有权，否则被保险人就可能由此而获得额外的利益。

2.物上代位权的取得

物上代位权通过委付取得。所谓委付，是指保险标的发生推定全损时，投保人或被保险人将保险标的的一切权益转移给保险人，而请求保险人按保险金额全数赔付的行为。在海上保险中，委付常作为一种理赔制度用于处理保险标的的损失。一般来说，委付的成立必须具备以下条件。

一是委付必须由被保险人向保险人提出。委付通知是被保险人向保险人做推定全损索赔之前必须提交的文件，被保险人不向保险人提出委付，保险人对受损的保险标的只能按部分损失处理。委付通知通常采用书面的形式。根据我国《海商法》第二百四十九条的规定，保险标的发生推定全损，被保险人要求保险人按照全部损失赔偿的，应当向保险人委付保险标的。

二是委付应就保险标的的全部提出请求。由于保险标的的不可分性，委付也具有不可分性，所以委付应就保险标的的全部提出请求。如果仅委付保险标的的一部分，而其余部分不委付，则容易产生纠纷。但如果保险标的由独立可分的部分组成，其中只有一部分发生委付原因，可仅就该部分保险标的请求委付。

三是委付不得附有条件。我国《海商法》第二百四十九条明确规定："委付不得附带任何条件。"例如，船舶失踪而被推定全损，被保险人请求委付，但不得要求日后如船舶被寻回，将返还其受领的赔偿金而取回该船。因为这会增加保险合同双方关系的复杂性，从而增加保险人与被保险人之间的纠纷。

四是委付必须经过保险人的同意。被保险人向保险人发出的委付通知，必须经保险人的同意才能生效。保险人可以接受委付，也可以不接受委付。因为委付不仅将保险标的的一切权益转移给保险人，同时也将被保险人对保险标的的所有义务一起转移给保险人。所以，保险人在接受委付之前必须慎重考虑，权衡利弊，要充分考虑受损保险标的的残值是否大于由此而承担的各种义务和责任风险所产生的经济损失。例如，船舶因沉没而推定全损，被保险人提出委付，保险人要考虑打捞沉船所能获得的利益是否大于打捞沉船以及由此而产生的各项费用支出。

被保险人提出委付后，保险人应当在合理的时间内将接受委付或不接受委付的决定通知被保险人。如果超过合理的时间，保险人对是否接受委付仍然保持沉默，应视作不接受委付的行为，但被保险人的索赔权利并不因保险人不接受委付而受影响，被保险人依然可以提出索赔。同时，在保险人未作出接受委付的意思表示以前，被保险人可以随时撤回委付通知。但保险人一经接受委付，委付即告成立，双方都不能撤销，保险人必须以全损赔付被保险人，同时取得保险标的物的代位权，包括标的物上的权利和义务。

3. 保险人在物上代位中的权益范围

由于保险标的的保障程度不同，保险人在物上代位中所享有的权益也有所不同。我国《保险法》第五十九条规定："保险事故发生后，保险人已支付了全部保险金额，并且保险金额等于保险价值的，受损保险标的的全部权利归于保险人；保险金额低于保险价值的，保险人按照保险金额与保险价值的比例取得受损保险标的的部分权利。"也就是在足额保险中，保险人按保险金额支付保险赔偿金后，即取得对保险标的的全部所有权。在这种情形下，由于保险标的的所有权已经转移给保险人，保险人在处理标的物时所获得的利益如果超过所支付的赔偿金额，超过的部分归保险人所有。此外，如有对第三者损失赔偿请求权，索赔金额超过其支付的保险赔偿金额，也同样归保险人所有，这一点与代位追偿权有所不同。在不足额保险中，保险人只能按照保险金额与保险价值的比例取得受损标的的部分权利。由于保险标的的不可分性，保险人在依法取得受损保险标的的部分权利后，通常将该部分权利作价折给被保险人，并在保险赔偿金中做相应的扣除。

（四）代位追偿原则不适用于人身保险

代位追偿原则是损失补偿原则的派生原则，是对损失补偿原则的补充和完善，所以代位追偿原则与损失补偿原则一样，只适用于各种财产保险，而不适用于人身保险。我国《保险法》第四十六条规定："被保险人因第三者的行为而发生死亡、伤残或者疾病等保险事故的，保险人向被保险人或者受益人给付保险金后，不享有向第三者追偿的权利，但被保险人或者受益人仍有权向第三者请求赔偿。"因为人身保险的保险标的是被保险人的生命和身体，所以，如果发生第三者侵权行为导致的人身伤害，被保险人可以获得多方面的赔偿而无须权益转让，保险人也无权代位追偿。

二、重复保险分摊原则

（一）重复保险分摊原则的含义

重复保险分摊原则也是由损失补偿原则派生出来的，是损失补偿原则的补充和体现，同样也只适用于财产保险等补偿性保险合同，不适用于人身保险。重复保险分摊原则是指在重复保险的情况下，当保险事故发生时，各保险人应采取适当的分摊方法分配赔偿责任，使被保险人既能得到充分的补偿，又不会超过其实际损失而获得额外的利益。

所谓重复保险，是指投保人对同一保险标的、同一保险利益、同一保险事故分别与两个以上保险人订立保险合同，且保险金额总和超过保险价值的保险。具体地说，重复保险必须具备下列条件。

1. 同一保险标的及同一保险利益

重复保险要求以同一保险标的及同一保险利益进行保险，如果保险标的不相同，就不存在重复保险的问题；而保险标的相同，但保险利益不相同，也不构成重复保险。例如，对同一房屋，甲以所有人的利益投保火灾保险，乙以抵押权人的利益也投保火灾保险，甲、乙的保险利益不相同，两人对同一房屋的保险不构成重复保险。所谓同一保险利益，指的是同一投保人，如投保人不同，则不存在重复保险的问题。

2. 同一保险期间

如果是同一保险标的及同一保险利益，但保险期间没有重合的部分，也不构成重复保险的问题。例如，保险合同期满又办理续保。但是，如果保险期间存在重复的部分，即使不是全部期间重复，也可构成重复保险。

3. 同一保险事故

如果以同一保险标的及同一保险利益同时投保不同的风险，也不构成重复保险。例如，同一家庭财产可同时投保火灾保险和盗窃险。

4. 与数个保险人订立数个保险合同，且保险金额总和超过保险标的的价值

只与一个保险人订立一个保险合同且保险金额超过保险标的的价值的保险

被称为超额保险。与数个保险人订立数个保险合同，但保险金额总和不超过保险标的的价值，则被称为共同保险。只有既与数个保险人订立数个保险合同，保险金额总和又超过保险标的的价值，才构成重复保险。

重复保险是投保人以同一保险标的、同一保险利益，同时向两个以上的保险人投保同一种保险事故，且保险金额总和超过保险标的的价值，这就有可能使得被保险人在保险事故发生时，就同一标的损失从不同保险人处获得超额赔款。这就违背了损失补偿原则的要求，容易诱发道德风险。重复保险分摊原则是为了防止被保险人由于重复保险而获得额外利益、防范道德风险而确立的，即由各保险人按相应的责任，共同公平地分摊损失赔款，使被保险人所获得的赔款总额与其实际损失相等。

重复保险在实践中会经常出现，除了投保人疏忽或者逆选择的可能之外，投保人为了谋求更大的安全保证，也会选择就同一保险标的、同一保险利益、同一保险事故分别与两个以上保险人订立保险合同，只是投保人有义务将重复保险的有关情况告知各保险人。我国《保险法》第五十六条规定："重复保险的投保人应当将重复保险的有关情况通知各保险人。"投保人不履行该项义务，其后果与违反告知义务相似，保险人有权解除保险合同或不承担赔偿责任。

（二）重复保险的分摊方式

在重复保险的情况下，当发生保险事故时，保险标的所遭受的损失由各保险人分摊，分摊的方式有以下几种。

1. 比例责任分摊方式

比例责任分摊方式即各保险人按其所承保的保险金额与总保险金额的比例分摊保险赔偿责任。其计算公式为

$$各保险人承担的赔款 = 损失金额 \times \frac{该保险人承保的保险金额}{各保险人承保的保险金额总和}$$

例如，某业主将其所有的一幢价值60万元的房子同时向甲、乙两家保险公司投保1年期的火灾保险，甲公司保险金额为50万元，乙公司保险金额为30万

元，此即为重复保险。假定在保险有效期内，房子发生火灾，损失40万元，则甲、乙两家保险公司应如何分摊赔偿责任？

按照比例责任分摊方式，两家保险公司应该承担的赔款分别是

$$甲承担的赔款 = 40 \times \frac{50}{50+30} = 25（万元）$$

$$乙承担的赔款 = 40 \times \frac{30}{50+30} = 15（万元）$$

甲、乙两家保险公司各承担25万元和15万元的赔款，赔款总额为40万元，正好等于被保险人的实际损失。比例责任分摊方式在各国保险实务中运用得比较多，我国《保险法》第五十六条规定，重复保险的各保险人赔偿保险金的总和不得超过保险价值。除合同另有约定外，各保险人按照其保险金额与保险金额总和的比例承担赔偿保险金的责任。

2. 限额责任分摊方式

限额责任分摊方式是以在没有重复保险的情况下，各保险人依其承保的保险金额而应付的赔偿限额与各保险人应付赔偿限额总和的比例承担损失赔偿责任。其计算公式为

$$各保险人承担的赔款 = 损失金额 \times \frac{该保险人的赔偿限额}{各保险人赔偿限额总和}$$

如上例，在没有重复保险的情况下，甲保险公司应承担40万元的赔偿责任，乙保险公司应承担30万元的赔偿责任。现按照限额责任分摊方式计算

$$甲承担的赔款 = 40 \times \frac{40}{40+30} = 22.857（万元）$$

$$乙承担的赔款 = 40 \times \frac{30}{40+30} = 17.143（万元）$$

甲保险公司承担赔款22.857万元，乙保险公司承担赔款17.143万元，两家保险公司赔款总和也是40万元。限额责任分摊方式与比例责任分摊方式的共同点是各保险人都是按照一定的比例分摊赔款责任；二者的区别是计算分摊比例的基础不同，限额责任分摊是以赔偿责任为计算基础，比例分摊则是以保险金额为计算基础。

3. 顺序责任分摊方式

顺序责任分摊方式即由先出单的保险人首先负责赔偿，后出单的保险人只有在承保标的的损失超过前一保险人承保的保额时，才依次承担超出的部分。

仍以上例为例，采用顺序责任分摊方式，先出单的甲保险公司应承担赔款40万元，后出单的乙保险公司则不必承担赔偿责任。假定房子全部被烧毁，即损失60万元，则由甲保险公司先赔偿50万元，乙保险公司再承担损失超过甲保险公司承保的保额的10万元。这样，两家保险公司的赔偿总额为60万元，正好等于被保险人的实际损失，使被保险人既能够得到充分的补偿，又不可能通过重复保险而获得额外的利益。

保险基础知识

本章思考题

- 什么是保险利益原则？其存在的意义是什么？
- 在财产保险和人身保险领域，保险利益成立的条件分别是什么？
- 什么是最大诚信原则？
- 最大诚信原则的主要内容是什么？
- 违反最大诚信原则的后果是什么？
- 什么是近因原则？
- 近因原则的具体适用有哪些？
- 损失补偿原则的基本内容有哪些？
- 损失补偿原则的派生原则有哪些？

第六章　人身保险概述

根据保险标的不同，保险可以分为人身保险和财产保险。随着我国人口老龄化的加剧，人们越来越重视生存、养老、健康、医疗等方面的保障，对人身保险的需求也越来越高。为了更好地发挥人身保险在社会生活中的职能作用，促进人身保险业的持续稳健经营，同时作为寿险公司的制式培训教材，本书将在第六、第七章重点介绍人身保险相关知识。

通过本章学习将帮助你

了解人身风险的定义与类别
掌握人身保险的特征
掌握人身保险的分类
了解人身保险合同的常用条款

第一节
人身风险与人身保险

一、人身风险的定义与类别

理论上,人身风险是指人的生命或者身体遭受损害而造成人的经济利益损失、收入减少或中断的风险。通常,我们将人身风险总结为生、老、病、死、残。具体的人身风险类别主要包括以下几种类型。

(一) 健康风险

健康风险是因病引致的人身风险。由于自然环境因素、社会环境因素、人为因素等,疾病尤其是重大疾病的发病率快速提升,而疾病尤其是重大疾病的发生越来越成为人们难以负担之累。病尤其是重大疾病,不仅会产生高额的医疗费用,而且可能直接导致死亡、残疾。对大多数老百姓而言,疾病可能会让家庭面临严重的经济困难,甚至"因病致贫、因病返贫"。

(二) 意外伤害风险

意外伤害是导致死亡和伤残的重要原因。意外伤害风险是指由外来的、突发的、非本意的、非疾病的原因导致人的死亡或者伤残的风险。所谓外来的,是指意外伤害是由于身体外部因素所致。突发的是指人体受到猛烈而突然的侵袭所形成的伤害，伤害的原因与结果之间具有直接瞬间的关系。非本意的是指无法预料、非本人意愿的不可抗力事故所致的伤害。非疾病的是指损害的造成不是由身体本身的因素或疾病引起的。

（三）死亡风险

人总是会死的。可以说，死亡是一个确定事件，但是什么时间死亡、什么原因死亡却是不确定的。因此，死亡之所以成为风险，主要是因为不能确定的死亡时间和死亡原因将会给家庭带来严重的经济影响或者心理影响。

对于个人而言，死亡意味着生命结束，但是生前的责任可能不会结束。例如，家里的房贷不会因丈夫死亡而减免；家庭顶梁柱的突然死亡、过早死亡，将意味着整个家庭的坍塌。导致死亡的原因很多，可能是自然死亡，也可能是因意外、疾病死亡，还可能是自杀。一般来说，我们不认为自杀属于死亡风险，因为对于个人而言，自杀是一个确定事件。

（四）生存风险

除了年老和退休之外，在一定的时期和情况下，生也会带来家庭支出的突然增加，或者收入的突然减少。常见的有"越来越贵"的子女教育对于家庭所带来的不利影响。十年树木，百年树人。让每个孩子得到良好的教育是社会和每个家庭的责任。父母为使自己的子女能够受到良好的、系统的高水平教育，往往需要支出一笔可观的子女教育金。研究显示，"孩子的教育费用越来越高"已经成为家庭生活面临的三大困难之首。对于大多数家庭而言，等到需要时方开始筹措，都会是一个不小的问题。

（五）养老风险

人总会慢慢变老。年老和退休也是必然要发生的，这是自然因素和政策因素所致。年老和退休，同时也意味着收入会大大减少或者没有收入。人越来越长寿，医疗和护理需求大大增加，导致年老和退休之后的支出不减反增。如果没有足够的积累，那么年老和退休之后的生活就会成为问题，因而老成为风险的条件就是是否为退休后几十年的生活做了充分的财务准备和安排。对大多数老百姓而言,为退休所做的财务准备和安排的不确定性在不断增加,因而养老风险也越来越突出。

二、人身保险的概念与特征

人身保险是以人的寿命和身体为保险标的的保险,是应对人身风险的重要措施和手段。其中,以人的寿命为保险标的,且以被保险人生存或死亡为给付保险金条件的人身保险,称为人寿保险。人的生命有生存和死亡两种状态,因此人寿保险就有生存保险、死亡保险和生死两全保险几类。人的身体有健康和疾病、生理机能正常与不正常、劳动能力的存在与丧失等状态,便有健康保险和意外伤害保险等各种险种,可以对被保险人的身体遭受疾病或意外伤害而导致的支出增加或收入损失进行补偿。

与财产保险相比,人身保险的特征主要表现在以下三个方面。

(一)保险金额的确定不同

在财产保险中,保险人和投保人根据保险标的实际价值,按照投保人对该保险标的的保险利益来确定保险金额,并作为保险人赔偿责任的最高限额。投保人的超额投保部分无效。人身保险提供保险保障的目的,是为了使遭受不幸事故的被保险人及其家属获得物质上的帮助或经济上的支持,从而不至于使家庭生活因不幸事故的发生而遭受灾难性的打击。不过,人身保险的保险标的是人的生命和身体,多高的保险金额才能实现足够的保障呢?一般来说,人身保险中依据"生命价值法"来评估人身风险以确定人身风险的保障额度,并根据投保人交纳保费的能力确定保险金额,以真正实现保险保障的功能。

(二)保险利益的确定不同

人身保险中对保险利益的要求不同于财产保险,主要表现为两个方面。

一是在财产保险中,保险利益具有量的规定性。投保人对保险标的的保险利益一般不超出保险标的实际价值。如果保险金额超过保险价值，超过部分因无可保利益而无效。人身保险的保险标的——人的生命和身体是很难用金钱来衡量的。因此，从理论上来说，人身保险的保险利益没有量的规定性，只是考虑投保人有无保险利益。

二是在财产保险中，保险利益不仅是订立保险合同的前提条件，而且也是维持保险合同效力、保险人支付赔款的条件，一旦投保人对保险标的丧失保险利益，即使发生保险事故，保险人也不承担赔款责任。在人身保险中，保险利益只是订立保险合同的前提条件，并不是维持保险合同效力、保险人给付保险金的条件。只要投保人在投保时对被保险人具有保险利益，此后即使投保人与被保险人的关系发生了变化，投保人对被保险人已丧失保险利益，也并不影响保险合同的效力。

小贴士

人身保险的保险利益

2000年2月，林某为其妻子李某投保了保险金额为3万元的终身寿险，林某为受益人。2001年7月，投保人林某与被保险人李某协议离婚。2002年1月19日，被保险人李某遇车祸身故。林某向保险公司提出给付保险金的申请。

保险事故发生时，林某与被保险人已离异，不具备保险利益，是否能获得理赔？

案例分析

保险利益原则的确立是为了防止某些人利用保险活动牟取非法利益，并防止道德危险的发生，从而确保保险活动有效发挥分散风险、分担损失的作用。

人身保险不同于财产保险，它不以损失补偿为原则。人身保险在为他人投保中一般是基于亲属关系、抚养赡养关系、雇用关系、债权债务关系、业务关系而产生的保险利益。其保险利益要求存在于合同成立时，要求投保人在保险合同订立时必须具有保险利益，而发生保险事故时，则不问是否具有保险利益。

本案中，投保人在保险合同订立时与被保险人为夫妻关系，具备法律规定的保险利益，应认定其合同有效，从而获得理赔。

（三）保险金的给付不同

财产保险属于补偿性保险，适用损失补偿原则及其派生出来的代位追偿原则和重复保险下的损失分摊原则。

但人身保险属于定额给付性保险[①]，是以保险事故发生为条件给付约定保险金的保险。补偿原则不适用于人身保险，因此也不存在比例分摊和代位追偿的问题。同时，人身保险也不存在重复投保和超额投保问题。被保险人可以同时持有若干份有效保险单，保险事故发生后可以同时从若干保单下获得保险金。如果保险事故是由第三方造成的，依法应由第三方承担赔偿责任，那么被保险人可以同时获得保险人支付的保险金和第三方支付的赔偿金，保险人不能向第三方代位追偿。

但人身保险中的医疗费用保险可以采用定额给付方式，也可采用补偿方式，当采取补偿方式时，适用补偿原则，即保险人对被保险人给付的医疗费用保险金不超过被保险人实际支出的医疗费。

三、人身保险的分类

（一）按保险责任分类

按照保险责任的不同，人身保险分为人寿保险、意外伤害保险和健康保险三种。

1. 人寿保险

人寿保险是以被保险人的寿命为保险标的，以被保险人生存或死亡为给付保险金条件的人身保险。人寿保险所承保的风险可以是生存，也可以是死亡，也可同时承保生存和死亡。人寿保险是人身保险主要的和基本的种类，在全部人身保险中占绝大部分。

2. 意外伤害保险

人身意外伤害保险简称意外伤害保险，是以被保险人因遭受意外伤害事故

---

① 医疗费用保险除外，其是具有补偿性特征的人身保险。

造成死亡或残疾为保险事故的人身保险。在全部人身保险业务中，意外伤害保险虽然占的比重不大，但由于保费低廉，只需付少量保费便可获得保障，同时团体保险投保简便且无须体检，所以承保人次很多。

3. 健康保险

健康保险是对因健康原因导致的损失给付保险金的保险，包括疾病保险、医疗保险、收入损失保险和长期护理保险等。疾病保险是指以保险合同约定的疾病的发生为给付保险金条件的保险。医疗保险是指以保险合同约定的医疗行为的发生为给付保险金条件，为被保险人接受诊疗期间的医疗费用支出提供保障的保险。收入损失保险是指以因保险合同约定的疾病或者意外伤害导致工作能力丧失为给付保险金条件，为被保险人在一定时期内收入减少或者中断提供保障的保险。长期护理保险是指以因保险合同约定的日常生活能力障碍引发护理需要为给付保险金条件，为被保险人的护理支出提供保障的保险。

（二）按保险期限分类

按照保险期限的不同，人身保险可以分为保险期间在1年以上的长期业务和保险期间在1年以下(含1年)的短期业务。人寿保险一般属于长期业务，健康保险既可以是长期业务也可以是短期业务，而意外伤害保险为短期业务，其保险期间为1年或几个月甚至更短。通常而言，长期业务在保障性基础上还具有较强的储蓄性质。

（三）按承保方式分类

按照承保方式的不同，人身保险可分为个人保险和团体保险两大类。个人保险是指一张保险单只为一个人或一个家庭提供保障的保险。团体保险是指一张总的保险单为某一团体单位的所有员工或其中的大多数员工提供保险保障的保险。团体保险又可细分为团体人寿保险、团体年金保险、团体意外伤害和团体健康保险等。

（四）按实施方式分类

按照实施方式的不同，人身保险可以分为强制保险和自愿保险。

强制保险又称法定保险，是根据法律规定开办的保险业务。在强制保险下，不管被保险人是否愿意投保，或者保险人是否愿意承保，都得依法成立保险关系。中华人民共和国成立初期开办的铁路、轮船、航空意外伤害保险等都属于强制性保险[①]。

自愿保险是保险双方当事人在公平自愿的基础上，通过订立保险合同明确双方的权利和义务关系。投保人有权选择保险人和投保的险种、保险金额、交费方式，保险人也有权选择被保险人和决定承保条件。目前，绝大部分人身保险是自愿保险。

[①] 目前都转为自愿保险。

第二节
人身保险合同常用条款

一、不可抗辩条款

不可抗辩条款又称不可争议条款，是指人身保险合同生效满一定期限（通常为两年）后，除由于投保人欠交保险费以外，保险人不得以投保人在投保时违反最大诚信原则、没有履行告知义务等理由主张保险合同无效或者拒绝给付保险金。

在人身保险合同中列入不可抗辩条款，是保护被保险人利益、限制保险人权利的一项指施。不可抗辩条款与最大诚信原则有着直接的关系。最大诚信原则要求投保人在投保时一定要如实告知，尤其是影响保险人是否承保或者保险费率高低的重要事实，如被保险人的职业、年龄等重要事项，以便保险人决定是否承保以及承保的费率，否则保险人有权解除合同或者拒绝承担给付责任。

但是，由于人身保险合同一般是长期性的保险合同，在订立合同很多年之后，保险人很难查清投保人在投保时申报的内容是否准确、详尽、真实，有时确实是被保险人在投保时由于种种原因遗漏但保险人当时并没有及时指出，在合同订立许多年后，被保险人或者受益人很难为保险单申报的真实性进行辩护，而保险人再以投保人在投保时违反最大诚信原则为理由主张保险合同无效，将会极大地损害到被保险人的利益。尤其是死亡保险中，保险金是给付于受益人，如果保险人拒付，实质上是由受益人承担了被保险人的误告责任，这是很不合理的。

如果允许保险人在保险合同生效多年后，以投保人在投保时违反最大诚信原则为由，主张保险合同无效，则容易出现保险人的道德风险问题，即保险人在知道投保人投保时隐瞒了一些重要事实的情况下，仍予以承保。如果不发生保险事故，则按合同规定收取保险费；如果发生了保险事故，则主张合同无效，拒绝履行给付义务。这对投保人显然不公平，也不利于保险市场的长期发展。因此，为了保护被保险人利益，防止保险人的道德风险，保险法也做了明确规定。我国《保险法》第十六条就明确规定保险合同的抗辩期为二年，即虽然投保人没有如实告知，但是"自合同成立之日起过二年的，保险人不得解除合同；发生保险事故的，保险人应当承担赔偿或者给付保险金的责任"。同时，第三十二条还规定"投保人申报的被保险人年龄不真实，并且其真实年龄不符合合同约定的年龄限制的，保险人可以解除合同，并按照合同约定退还保险单的现金价值。保险人行使合同解除权，适用本法第十六条第三款、第六款的规定"，即适用二年的抗辩期。

同时，不可抗辩条款也适用于保险合同失效后的复效。为了防止逆选择，在办理复效手续时，保险人仍要求投保人如实告知，必要时可对被保险人的健康状况进行审查，并且可抗辩时间需要重新开始计算，即从复效时起，经过争辩期后成为不可抗辩合同。

二、年龄误告条款

年龄误告条款主要针对投保人对被保险人的年龄申报不真实的情况。一般规定，如果投保人申报的被保险人年龄不真实，并且其真实年龄不符合合同约定的年龄限制的，在抗辩期内保险人可以解除合同，并按照合同约定退还保险单的现金价值。

如果投保人申报的被保险人年龄不真实，但被保险人的年龄在投保范围内的，保险人可以根据投保人实际交纳的保费和被保险人的真实年龄对保险合同予以调整，调整的方法通常有两种：一是退还多交的保险费，二是调整保险金额。根据《保险法》的规定，投保人申报的被保险人年龄不真实，致使投保人支付的保险费少于应付保险费的，保险人有权更正并要求投保人补交保险费，或者在给付保险金时按照实付保险费与应付保险费的比例支付。投保人申报的被保险人年龄不真实，致使投保人支付的保险费多于应付保险费的，保险人应当将多收的保险费退还投保人。

之所以规定年龄误告条款，主要是因为在人身保险中，被保险人的年龄是确定保险费率的一个重要因素，也是判断能否承保的条件。不同年龄的人由于死亡率的不同，即使投保的险种、保险的期限以及保险金额都相同，所交纳的保险费也是不同的。为此，要求投保人在申请投保时如实填写被保险人的真实年龄，如果所申报年龄大于或小于投保时被保险人的真实年龄，所交纳的保险费必然多于或少于实际应交保费，或者在同等保费的条件下，合同保险金额少于或多于实际可投保的金额，造成双方权利、义务的不对等。因此，当发现年龄误告时，保险合同需要根据被保险人的真实年龄进行必要的调整。

📌 小贴士[①] ··

2003年6月22日，谢某从某保险公司购买了一份人身保险，后谢某因交通事故不幸死亡，他的家人带了相关的证明资料，到保险公司申领保险金。保险公司在查验这些单证时，发现被保险人谢某投保时所填写的年龄与其户口簿上所登记的不一致，投保单上所填写的63岁是虚假的。实际上，投保时谢某已经超出了人身保险条款规定的最高投保年龄。保险公司遂以谢某投保时虚填年龄且谢某投保时的实际年龄已超出了保险合同约定的年龄限制为理由，拒付该笔保险金，只同意扣除手续费后，向谢某家人退还谢某的保险金。谢某家人则以谢某并非故意虚报年龄、谢某不存在过错为由，要求保险公司按照合同支付保险金。

---

① 案例引自找法网（http://china.findlaw.cn/jiaotongshigu/jtsgal/jiaotongbaoxianal/34441.html）。

双方争执不下，谢某家人将保险公司告上法院，要求该保险公司按照合同支付保险金。

裁判要旨

法院经审理，驳回原告诉讼请求，保险公司无须支付身故保险金，但应向原告退还保险单现金价值。

案例分析

人身保险中，年龄是决定人身保险费率的重要依据，也是保险公司在承保时测量危险程度、决定可否承保的依据。《保险法》第三十二条第一款明确规定："投保人申报的被保险人年龄不真实，并且其真实年龄不符合合同约定的年龄限制的，保险人可以解除合同，并按照合同约定退换保险单的现金价值。"本案中谢某年龄误告构成了对最大诚信原则的违反，也不符合合同约定的年龄限制。所以，保险公司的拒付理由是充足的，符合《保险法》的有关规定。

三、宽限期条款

宽限期条款是指约定分期支付保险费的人身保险合同，如果投保人未能按时交纳续期保险费，保险人给予一定的宽限期（通常是30天或60天）。我国《保险法》第三十六条规定："合同约定分期支付保险费，投保人支付首期保险费后，除合同另有约定外，投保人自保险人催告之日起超过三十日未支付当期保险费，或者超过约定的期限六十日未支付当期保险费的，合同效力中止，或者由保险人按照合同约定的条件减少保险金额。"

对于分期缴付的人身保险合同，合同生效后，投保人交付续期保费以维持合同的效力。由于人身保险合同是长期性合同，交费期限长达一二十年，很容易导致保险合同中途失效，不仅使被保险人失去保险保障，也会影响保险单的继续率。因此，规定一个宽限期的目的主要是避免保险合同的非故意失效，不仅方便投保人，避免轻易让保单失效，对保险人来说也有利于保持较高的继续率。

在宽限期内，保单仍然有效，如果发生保险事故，保险人必须按保险合同约定承担给付保险金的责任，只是要从保险金中扣除当期应交的保险费和利息。如果宽限期满投保人仍未交付保险费，保险合同中止，即保险合同效力自宽限期满次日停止。

四、复效条款

复效条款是指对于分期交费的人身保险合同因投保人未能按期交纳保险费而失效后，自失效之日起的一定时期内（通常为二年）投保人可以向保险人申请复效，经过保险人审查同意后，投保人补交失效期间的保险费和利息，保险合同即恢复效力。我国《保险法》第三十七条规定："合同效力依照本法第三十六条规定中止的，经保险人与投保人协商并达成协议，在投保人补交保险费后，合同效力恢复。"

复效针对的是保险合同中止的效力恢复。与重新投保不同，复效时原来的保险合同中的权利、义务保留不变，如保险责任、保险期限、交费标准、满期给付的日期都按原合同规定办理。重新投保则一切都重新开始，此时由于被保险人年龄增大，费率会随之增加；此外，被保险人的身体状况可能发生了较大变化，出现加费因素甚至不符合投保条件。所以，一般来讲，复效优于重新投保，复效条款对被保险人更为有利。

不过，如果自合同效力中止之日起满二年保险人和投保人双方未达成协议，保险人有权解除合同。保险人宣布解除合同后，保险合同也将永久失效。

五、自杀条款

自杀条款是包含死亡给付责任的寿险合同中保险人的免责条款，主要是指被保险人在保险合同成立或者合同效力恢复之日起的一定时期（一般为二年）内自杀，保险人不承担给付死亡保险金责任，但退还所交保费。但如果被保险人在保险合同成立或者合同效力恢复之日起的一定时期（一般为二年）以后自杀，保险人则要按保险合同约定给付保险金。

我国《保险法》第四十四条规定："以被保险人死亡为给付保险金条件的合同，自合同成立或者合同效力恢复之日起二年内，被保险人自杀的，保险人不承担给付保险金的责任，但被保险人自杀时为无民事行为能力人的除外。保险人依照前款规定不承担给付保险金责任的，应当按照合同约定退还保险单的现金价值。"

所谓自杀，是指个体在复杂心理活动作用下，蓄意或自愿采取各种手段结束自己生命的行为。一直以来，人寿保险合同中都将自杀作为除外责任，认为保险人对自杀风险承担保险责任，将会助长道德风险。但是，自杀毕竟是死亡的一种，自杀的原因有多种，并非都是蓄意骗取保险金。为了保障被保险人、受益人的利益，人们开始普遍接受和采用自杀条款，即将保险合同生效之后一定时期的自杀列入保险责任范围。这样既可以防止道德风险，也可以最大限度地保护被保险人、受益人的利益。

小贴士

情况一：28岁的小红2016年投保了某保险公司的30年定期寿险产品，保额为50万元。2017年5月，小红通过网络认识了一个网友，两人相约见面，在见面期间，两人发生了关系。其后小红因为情绪不稳定跳楼死亡，经过警方调查，小红属于自杀身亡。那么，保险公司是否赔付保险金？

此案例中，由于小红投保的寿险产品没有过两年的抗辩期，按照合同的规定，保险公司不承担赔付保险金责任，但可以返还保单现金价值，保险合同终止。

情况二：2012年，小李的父母为24岁的小李投保某保险公司的30年定期寿险，保额为50万元。2016年，因感情纠纷，小李选择自杀。那么，保险公司是否赔付保险金？

此案例中，小李购买的寿险产品已经过了两年的抗辩期，保险公司应当予以赔付。

情况三：2016年1月，小王为45岁的丈夫小明投保了某保险公司的终身寿险产品，保额为100万元。半年后，小明因为车祸瘫痪在床，家庭生意也因经营不善而终止。因为长期卧床不起，小明郁郁寡欢，被医生诊断为患上抑郁症。2017年7月，小明突然自杀。那么，保险公司是否赔付保险金？

此案例中，虽然小明购买的寿险并没有过两年的抗辩期，但是由于小明已经患有严重抑郁症，且经鉴定小明在自杀时属于无民事行为能力人，所以，保险公司承担赔付保险金责任。

六、受益人条款

根据保险法，受益人是指人身保险合同中由被保险人或者投保人指定的享有保险金请求权的人。在含有死亡责任的人身保险合同中，受益人是十分重要的关系人，因此人身保险合同中一般都有关于受益人的规定。受益人条款通常包括两个方面的内容：一是明确规定受益人，二是明确规定受益人是否可以更换。

在人身保险合同中，可以指定受益人，也可以不指定受益人。指定受益人的，按其请求权的顺序分为原始受益人和后继受益人。被保险人或者投保人在保险合同订立时指定的受益人为原始受益人。如果原始受益人先于被保险人死亡，被保险人或者投保人再次指定的受益人为后继受益人。如果被保险人或者投保人没有指定受益人，或者受益人先于被保险人死亡而又没有其他受益人的，或者受益人依法丧失或者放弃收益权而又没有其他受益人的，那么当被保险人死亡时，保险金将作为被保险人的遗产处理，保险人向被保险人的法定继承人履行给付保险金义务。

在人身保险合同中，如果变更受益人需要征得受益人的同意，则该受益人为不可变更受益人。无须征得受益人的同意就可以变更的受益人，为可变更受益人。在受益人可以变更的情况下，合同赋予了被保险人或者投保人变更受益人的权利，不过变更受益人虽然无须征求受益人的同意，但必须遵循一定的程序，通常的手续是书面通知保险公司，否则变更无效。

七、不丧失现金价值条款

不丧失现金价值条款又称不没收条款，指当投保人无力或不愿继续交纳保险费时，长期人身险保险单现金价值的权利依然由投保人享有，不因保险合同效力终止而丧失。也就是说，即使保险单失效了，保险单现金价值的所有权也仍归投保人所有，投保人可以按照保险合同的规定，选择有利于自己的方式处理这部分现金价值。

所谓保险单现金价值，就是指带有储蓄性质的人身保险单所具有的价值。由于均衡保费制的实施，在人寿保险中，除定期寿险之外的大部分保险单，在交纳一定时期(一般为2年或3年)的保险费之后，都具有一定量的现金价值，且大部分险种的现金价值量是不断递增的。这部分现金价值如同储蓄存款一样(在不发生给付的情况下)，为投保人所拥有。保险人一般在其保险单上附上现金价值表，从而使投保人能准确知道保险单的现金价值。我国《保险法》虽然没有对现金价值作出解释，但是很多条款中指出，保险人依照规定解除合同的，应当按照合同约定退还保险单的现金价值。

一般来说，投保人处置这部分保险单现金价值的方式有三种。

一是直接申请退保。现金价值往往体现为退保金。

二是将原保险单改为交清保险，即在原保险单的保险期限和保险责任保持不变的情况下，将保险单上的现金价值作为趸交保险费，重新确定保险金额。因此，交清保险的保险金额比原保险单上的保险金额要小。

三是将原保险单改为展期保险，即将保险单上的现金价值作为趸交保险费，用于购买与原保险单保险金额相同的死亡保险，保险期限相应缩短，保险期限取决于趸交保险费即原保险单现金价值的量。

八、保单贷款条款

保单贷款条款是指投保人可以在寿险合同生效一定时期（一般为一年或两年）后，以具有现金价值的保单为质押，在现金价值数额内，向保险人申请贷款。投保人应按期归还贷款本息，如果在归还贷款本息之前发生了保险事故或退保，保险人应从保险金或退保金中扣还贷款本息。如果贷款本息达到了保单现金价值数额，保险合同即告终止。

由于人身保险合同的期限长，投保人或被保险人难免会出现急需资金的情况，为此就可能办理退保，以退保金应付临时的资金需求。然而，退保意味着终止保险合同，被保险人将失去保险保障。投保人或被保险人想继续获得保险保障，就要重新办理投保手续，保险费率将会提高，对投保人产生经济上的不利影响。为此，在人身保险合同中，一般采用保单贷款条款，既提高了寿险保单的使用价值，给投保人提供了极大的便利，也保证了保险人的经营稳定性。

本章思考题

- 人身风险有哪些?

- 与财产保险相比,人身保险的特征有哪些?

- 人身保险有哪些分类?

- 什么是年龄误告条款?

- 什么是宽限期条款?

第七章　人身保险险种

　　人身保险按不同的标准可以有不同的分类方法，可以按照投保方式进行分类，也可以按照保险期限进行分类，还可以按照是否有固定的预定利率、是否有投资收益和投资风险等进行划分。本章，我们将按照最常用的保险责任标准进行分类阐述。

通过本章学习将帮助你

掌握人寿保险的概念与特征

掌握人寿保险的主要类型

掌握人身意外伤害保险的概念与特征

掌握人身意外伤害保险的分类

掌握健康保险的概念与特征

掌握健康保险的分类

第一节 人寿保险

一、人寿保险的概念与特征

人寿保险简称寿险，是以被保险人的寿命为保险标的，且以被保险人的生存或死亡为给付条件的人身保险。和所有保险业务一样，人寿保险投保人将风险转嫁给保险人，接受保险人的条款并支付保险费。与其他保险不同的是，人寿保险转嫁的是被保险人的生存或者死亡的风险，到期生存或者期内死亡都将获得约定的保险金，以应对生存或者死亡带来的风险。

人寿保险和意外伤害保险、健康保险一起构成了人身保险的三大基本险别。起初的人寿保险主要是为死亡提供保障，即死亡保险。随着社会的进步和经济的发展，人们的寿命越来越长，由于生存和长寿需要生活费用，为此逐步产生了生存保险，以及把死亡保险与生存保险相结合的两全保险。

无论我国还是其他国家，人寿保险都是人身保险中最主要的险种，人寿保险的特征主要表现在以下几个方面。

（一）生命风险的特殊性

人寿保险以生命风险作为保险事故，主要风险因素是死亡率。死亡率受很多因素的影响，如年龄、性别、职业等。同时，死亡率也随着经济的发展、医疗卫生水平和生活水平的提高而不断降低，因此可以说死亡率是变动的。但是，根据许多专业机构对死亡率经验的研究，死亡率因素较其他非寿险风险发生的概率的波动而言是相对稳定的，所以在寿险经营中稳定性相对较好，进而寿险经营对于再保险手段的运用也相对较少，保险公司主要对于大额保单和次标准体保险进行再保险安排。

（二）保险标的的特殊性

人寿保险的保险标的是人的生命，而人的生命是很难用货币衡量其价值的。在实务中，人寿保险的保险金额是由投保人和保险人双方约定后确定的，此约定金额既不能过高，也不宜过低。一般从两个方面来考虑这个问题：一方面是被保险人对人寿保险需要的程度，另一方面是投保人交纳保费的能力。对于人寿保险的需求程度可以采用生命价值理论来进行测算，而交费能力则主要是通过投保人的职业和经济收入来判断。

（三）保险期限的特殊性

人寿保险合同往往是长期合同，保险期限短则数年，长则数十年甚至一个人的一生。这种长期性的特点使寿险受到诸多外界因素的影响。对于长期人寿保险合同而言，利率因素会产生很大的影响，时间越长，利率的影响越大。通货膨胀也是长期人寿保险合同不得不考虑的因素，通常也会反映在人寿保险合同的预定利率之中。同时，人寿保险合同的长期性使保险公司对于未来因素的预测变得十分困难，相对于死亡率的稳定性，利率因素、费用因素、失效率因素等的预测都具有变动性，必须非常谨慎，才能保证保险的公平性原则。

二、人寿保险的主要类型

（一）普通人寿保险

1. 死亡保险

死亡保险是被保险人在保险期间内死亡的条件下，保险人才给付保险合同所约定金额的保险。死亡保险有如下特征：一是只对死亡事故给付，死亡保险只对被保险人在保险期间内死亡承担保险责任，如果保险期满时被保险人仍然生存，则保险人不给付；二是保险费比较低；三是死亡保险是利他型保险，在死亡保险中，保险人在被保险人死亡时对受益人给付保险金额，被保险人自己不能享受保险金。

根据保险期限，死亡保险又可分为定期死亡保险和终身死亡保险，简称定期寿险和终身寿险。

定期寿险是指在保险合同中有明确的保险期限，当被保险人在保险期间内(如1年、5年、10年、20年)死亡时，保险人向其受益人给付保险金；如保险期间届满，被保险人仍然生存，则保险合同终止，保险人也不承担给付责任。定期寿险是人寿保险业务中产生最早也最简单易行的一种。

终身寿险以被保险人终身为保险期间，通常视作定期寿险的特殊形式。它提供被保险人终身的死亡保障，只要保险合同效力维持，无论被保险人何时死亡，保险人都向其受益人给付保险金。投保人投保终身寿险的目的，一般是为了在被保险人死亡后，作为受益人的家属得到一笔收入。终身寿险具有现金价值，被保险人可以中途退保领取现金价值，也可在保单现金价值额度内贷款。

2. 生存保险

生存保险是以被保险人于保险期满时仍然生存为保险金给付条件的保险。从保险金给付的条件来看，生存保险与死亡保险正好相反，死亡保险是被保险人在期内死亡给付，期满生存不给付；生存保险是期内死亡不给付，期满生存给付。生存保险主要是应客户在一定期间后的资金需要而设计的，如筹备子女的教育资金、婚嫁金、创业基金，或因年老退休或配偶死亡所需的养老资金等。由此可见，生存保险是以储蓄为主的，有人也称其储蓄保险。但生存保险与储蓄又不尽相同，因为在保险期内死亡的人得不到任何给付，而期满生存的人得到的保险金中，除自己交纳的保险费和利息外，还包括在期内死亡的人所交纳的保费。目前市场上纯粹的生存保险并不多见，大多采用年金保险的形式。

3. 生死两全保险

生死两全保险又称生死合险，是指无论被保险人在保险期内死亡还是生存，到保险期满，保险人均给付保险金的保险。从保险责任来看，两全保险是生存保险与死亡保险的叠加。由于同时考虑到生存与死亡这两种生命状态，既提供强大的储蓄功能，又能防止储蓄期间的死亡风险，因此，该险种既可以保障被保险人退休后生活的需要，又可以解除由于被保险人死亡而给家庭生活带来的后顾之忧。但其保险费率比较高，除长期的生死两全保险与终身寿险的费率相差不大外，短期的生死两全保险比其他寿险的费率高很多。

（二）年金保险

年金就是等额、定期的款项收付形式。年金合同在本意上是指系统地变现一笔资金。年金保险是生存保险中的一类特殊的险别，是指在被保险人的生存期间或某一约定期间内，保险人定期给付保险金的保险协议。在年金保险中，保费可以采用一次性交费方式，也可以采取按月或按年的分期交费方式。但无论采取何种方式，在开始领取年金以前，投保人必须交清所有的保费，年金领取日往往就是交费截止日。

年金保险以生存为条件，关注点在于"给付"。依据年金给付开始时间、期限、人数以及金额等，年金保险可以分为不同的种类。

1. 根据年金给付开始时间分类

根据年金给付开始时间，可以分为即期年金保险和延期年金保险。

即期年金保险是保险合同成立后，被保险人可以立即按照合同约定领取年金的一种年金保险。

延期年金保险是保险合同成立后，经过一定时期或被保险人达到一定年龄后才开始按照合同约定领取年金的一种年金保险。

2. 根据年金给付期限分类

根据照年金给付期限，可以分为定期生存年金保险、终身年金保险和最低保证年金保险。

定期生存年金保险是指合同规定了一定的期限，被保险人如果一直生存则可以领取到约定的期满为止，如果期内死亡则停止领取。

终身年金保险是指合同的期限是终身，只要被保险人生存，就可以一直领取年金，直至死亡。

最低保证年金保险是为了防止被保险人过早死亡，丧失领取年金权利而产生的一种年金保险。最低保证年金又分为确定给付年金和退还年金两种方式。确定给付年金规定了一个年金领取的最低保证期间，无论被保险人是否生存，保险人都将给付年金，直到期满为止；退还年金则是指如果被保险人死亡，其年金领取的总金额低于其所交纳的总的保险费时，保险人一次性退还差额部分。

3. 根据被保险人的人数分类

根据被保险人的人数，可以分为个人年金保险、联合年金保险、最后生存者年金保险、联合及生存者年金保险。

个人年金保险指被保险人只有一个人的年金保险。

联合年金保险是指被保险人有两个或两个以上且年金给付持续到最后一个人死亡为止的年金保险。

最后生存者年金保险，是指以两个或两个以上被保险人中至少尚有一个生存作为年金给付条件，且给付金额不发生变化的年金保险。这种年金的给付持续到最后一个生存者死亡为止。

联合及生存者年金保险是指以两个或两个以上被保险人中至少尚有一个人生存作为年金给付条件，但给付金额随着被保险人人数的减少而进行调整的年金保险。

4. 根据年金给付金额是否变动分类

根据年金给付金额是否变动，可以分为定额年金保险和变额年金保险。

定额年金保险是指被保险人在年金领取期内每一期领取的年金金额都相等的年金保险。

变额年金保险是指被保险人在年金领取期内领取的年金金额随投资收益的变动而变动的一种年金保险。

（三）新型人寿保险

1. 投资连结保险

中国相关监管规定中定义的投资连结保险是指包含保险保障功能并至少在一

个投资账户拥有一定资产价值的人身保险产品。投资连结保险的投资账户必须是资产单独管理的资金账户。投资账户应划分为等额单位，单位价值由单位数量及投资账户中资产或资产组合的市场价值决定。投保人可以选择其投资账户，投资风险完全由投保人承担。除有特殊规定外，保险公司的投资账户与其管理的其他资产或其投资账户之间不得存在债权、债务关系，也不承担连带责任。

2. 万能保险

万能保险简称万能险，是指包含保险保障功能并至少在一个投资账户拥有一定资产价值的人身保险产品。保单持有人在交纳一定的首期保费后，可以按自己的意愿选择任何时候交纳任何数量的保费，只要保单的现金价值足以支付保单的相关费用，有时甚至可以不再交费；而且，保单持有人可以在具备可保性的前提下提高保额，也可以根据需要降低保额。

3. 分红保险

分红保险是指保险公司将其实际经营成果优于定价假设的盈余，按一定比例向保单持有人进行分配的人寿保险产品。这里的保单持有人是指按照合同约定，享有保险合同利益及红利请求权的人。分红保险、非分红保险以及分红保险产品与其附加的非分红保险产品必须分设账户，独立核算。

分红保险的主要特点包括以下几个方面。

（1）保单持有人享受经营成果。分红保险不仅能够获得合同规定的各种保障，同时，保险公司每年要将经营分红险种产生的部分盈余以红利的形式分配给保单持有人。目前中国银保监会规定保险公司应至少将分红业务当年度可分配盈余的70%分配给客户。这样，投保人就可以与保险公司共享经营成果，与不分红保险相比，增加了投保人的获利机会。

（2）客户承担一定的投资风险。由于每年保险公司的经营状况不一样，客户所能得到的红利也会不一样。在保险公司经营状况良好的年份，客户会分到较多的红利；但如果保险公司的经营状况不佳，客户能分到的红利就会比较少，甚至没有。因此，分红保险使保险公司和客户在一定程度上共同承担了投资风险。

（3）定价的精算假设比较保守。寿险产品在定价时主要以预定死亡率、预定利率和预定费率三个因素为依据，这三个预定因素与实际情况的差距直接影响到寿险公司的经营成果。对长期寿险，由于预期的客观困难，在进行各个因素的假设时，往往比较保守。对于分红保险，由于寿险公司要将部分盈余以红利的形式分配给客户，所以保守的精算假设既可以使保险公司在一定程度上规避风险，又不会损失客户的利益。

（4）保险给付、退保金中含有红利。分红保险的被保险人身故后，受益人在获得投保时约定的保额的同时，还可以得到未领取的累积红利和利息。在满期给付时，被保险人在获得保险金额的同时，还可以得到未领取的累积红利和利息。分红保险的保单持有人在退保时得到的退保金也包括保单红利及其利息之和。

第二节
意外伤害保险

一、意外伤害保险的概念与特征

（一）意外伤害风险的概念和特点

意外伤害风险是指由外来的、突发的、非本意的、非疾病的原因使身体造成损伤的客观事件。

外来的是指意外伤害是由于身体外部因素所致如食物中毒、失足落水。

突发的是指人体受到猛烈而突然的侵袭所形成的伤害，伤害的原因与结果之间具有直接瞬间的关系如行人被汽车突然撞倒。铅中毒、矽肺等职业病虽然是外来致害物质对人体的侵害，但由于伤害是逐步造成的，而且是可以预见和预防的，不属于意外事故。

非本意的是指无法预料、非本人意愿的不可抗力事故所致的伤害，如飞机坠毁、行人道树倒下等情况。

非疾病的是指损害的造成不是由身体本身的因素或疾病引起的。

（二）意外伤害保险的定义与特征

意外伤害的构成包括意外和伤害两个必要条件。仅有主观上的意外而无伤害的客观事实，不能构成意外伤害；反之，仅有伤害的客观事实而无主观上的意外，也不能构成意外伤害。只有在意外的条件下发生伤害，才构成意外伤害。因此，在意外伤害保险中，意外伤害的定义可以表述为在被保险人没有预见到或违背被保险人意愿的情况下，突然发生的外来致害物明显、剧烈地侵害被保险人身体的客观事实。

意外伤害保险是指以意外伤害而致身故或残疾为给付保险金条件的人身保险。意外伤害保险有三层含义：一是必须有客观的意外事故发生，且事故原因是意外的、偶然的、不可预见的。二是被保险人必须有因客观事故造成死亡或残废的结果。三是意外事故的发生和被保险人遭受人身伤亡的结果之间有着内在的、必然的联系，即意外事故的发生是被保险人遭受伤害的原因，而被保险人遭受伤害是意外事故的后果。

意外伤害保险的特征主要表现在以下几个方面。

1. 保险金的给付

在人寿保险中，保险事故发生时，保险人不问被保险人有无损失以及损失金额是多少，只是按照约定的保险金额给付保险金。在意外伤害保险中，保险事故发生时，死亡保险金按约定的保险金额给付，残疾保险金则根据残疾等级划分按照合同约定的保险金额的一定比例给付，而意外伤残的医疗费用则是按照实际发生数额在保险金额内给予补偿。

2. 保费计算基础

人寿保险的纯保险费是依据生命表和利息率计算的。这种方法认为被保险人的死亡概率取决于其年龄。意外伤害保险的纯保险费则是根据保险金额损失率计算的，这种方法认为被保险人遭受意外伤害的概率取决于其职业、工种或从事的活动，在其他条件都相同时，被保险人的工种、所从事活动的危险程度越高，应交的保险费也就越多。

3. 保险期限

人寿保险的保险期限较长，一般长达十几年、几十年，甚至是终身。意外保险的保险期较短，一般不超过1年。这是因为，意外伤害保险的保险费率取决于被保险人的职业、工种或从事活动的危险程度，与被保险人的年龄和健康状况关系不大。如果保险期限较长，保险费每年交纳一次，那么与保险期限定为1年、每年续保一次并无区别。

4. 责任准备金

人寿保险的年末未到期责任准备金是依据生命表、利息率、被保险人年龄、已保年限、保险金额等因素计算的。意外伤害保险的年末未到期责任准备金是按当年保险费收入的百分比(如40%、50%)计算的，与财产保险相同。

二、意外伤害保险的分类

意外伤害保险的种类很多，具体可以细分如下。

（一）按照投保动因分类

1. 自愿意外伤害保险

投保人和保险人在自愿的基础上，通过平等协商订立意外伤害保险合同。投保人可以选择是否投保以及向哪家保险公司投保，保险人也可以选择是否承保。只有双方意思表示一致时才订立保险合同，确立双方的权利和义务。

2. 强制意外伤害保险

强制意外伤害保险又称法定意外伤害保险，即国家机关通过颁布法律、行政法规、地方性法规强制施行的意外伤害保险。凡属法律、行政法规、地方性法规所规定的强制施行范围内的人必须投保，没有选择的余地。有的强制意外伤害保险还规定必须向哪家保险公司投保(由哪家保险公司承保)，在这种情况下，该保险公司也必须承保，没有选择的余地。

（二）按承保风险划分

1. 普通意外伤害保险

普通意外伤害保险承保在保险期限内发生的各种可保意外伤害，而不是特别限定的某些意外伤害。实务中大多数意外伤害保险属于此类，如个人人身意外伤害保险、团体人身意外伤害保险、学生团体平安保险等。

2. 特定意外伤害保险

特定意外伤害保险承保特定时间、特定地点或特定原因发生的意外伤害。例如，驾驶员意外伤害保险所承保的危险只限于在驾驶机动车辆中发生的意外伤害。

（三）按险种结构划分

1. 单纯人身意外伤害保险

单纯人身意外伤害保险的保险责任仅限于人身意外伤害。

2. 附加人身意外伤害保险

这种保险包括两种情况：一是其他保险附加人身意外伤害保险，二是人身意外伤害保险附加其他保险责任。

（四）按保险期限划分

1. 长期意外险

保险期限为1年期的意外险是长期意外险。在实务中，这样的产品占大部分，如个人人身意外伤害保险、人身意外伤害综合保险和附加意外伤害保险等。

2. 短期意外险

短期意外险的保险期限为几周或几个月。

3. 极短期意外险

极短期意外险是保险期限不足1年、往往只有几天甚至更短的意外伤害保险。航空意外伤害保险、公路旅客意外伤害保险、旅游保险、游泳池人身意外伤害保险、索道游客意外伤害保险等均属于此类产品。

（五）按保险责任划分

1. 意外伤害死亡残疾保险

这种保险仅保障被保险人因意外伤害所致的死亡和残疾。

2. 意外伤害医疗保险

这种保险以被保险人因遭受意外伤害需要就医治疗而发生医疗费用支出为保险金的给付条件。

3. 综合意外伤害保险

这种保险是前两种保险的综合，既承担被保险人因遭受意外伤害身故或残疾的保险金给付责任，也承担因该意外伤害使被保险人在医院治疗所发生费用的医疗保险金给付责任。

（六）按保险产品种类划分

1. 航空意外伤害保险（以下简称航意险）

坐过飞机的人大多接触过航意险（以下简称航意险），每次花费20元为乘坐飞机的旅程购买一份保障。其实，除可以单次购买的航意险外，现在更多的"空中飞人"可以选择购买年度航意险，即一次投保，可以保障1年期间乘坐飞机造成的意外伤害。

2. 交通工具意外伤害保险（以下简称交通意外险）

交通意外险比航意险的保障范围更大，除了保障乘坐飞机时的意外风险外，乘坐公交车、轮船等都在保障范围内。交通意外险多为1年期以内的短期或极短期产品。

3. 旅游意外伤害保险（以下简称旅意险）

除了常见的国内旅意险外，现在专门针对海外旅行的旅意险产品也非常多。旅意险的投保期限可以从1天到1个月乃至1年不等，保障期限越长费用越高，所以投保时要考虑旅行时间，略长于旅行时间即可，以防行程拖延造成超出保障期限。许多旅意险产品具有延期功能，一旦行程变动，可以申请延期。

4. 综合意外伤害保险

我们平时提到的意外伤害保险，大部分是指综合意外伤害保险，大多包含了意外伤害保障、意外伤害医疗保障、意外伤害生活津贴等几个部分。

第三节 健康保险

一、健康保险的概念与特征

（一）健康风险

健康风险是一种直接危及个人生存利益、可能给家庭造成严重危害的特殊风险，具有突发性、年龄相关性和后果的不确定性等特点。

1. 突发性

健康风险的突发性是指虽然我们知道健康风险一定会发生，但是它在什么时间发生并引发健康问题我们无法预测。健康风险的来源有很多，往往随着我们工作、生活的进行逐步积累，从量变导致质变。

2. 年龄相关性

健康风险总体上与年龄呈正相关关系，即随着年龄的增加，健康风险越来越大。这主要是因为以下几点：首先，随着年龄的增加，有毒有害物质在体内积累得越来越多，导致健康风险越来越大，一旦超过身体的承受能力，就会导致健康问题；其次，随着年龄的增加，受到外界环境的影响越来越多，疾病易感基因越容易被激活，导致疾病发生。

3. 后果的不确定性

后果的不确定性是指健康风险导致的后果无法确定：有可能是极其微小的

后果，个人凭借抵抗力就能恢复健康状态；也有可能是极其严重的后果，需要住院、手术或者使用一系列昂贵的药物与医疗设备，严重超过个人与家庭的支付能力。

（二）健康保险的定义与特征

健康保险是以被保险人的身体为保险标的，保证被保险人在疾病或意外事故所致伤害时的直接费用或间接损失获得补偿的保险。

与人寿保险、意外伤害保险相比，健康保险具有以下几个特征。

1. 健康保险保障因健康原因导致的损失

健康保险是对因健康原因导致的损失给付保险金的保险。因健康原因导致的损失主要包括两类：一是由于健康原因接受治疗和护理所支出的医疗和其他相关费用。二是由于暂时或长久丧失工作能力所导致的收入损失。

2. 健康保险承保的主要风险是疾病风险

健康保险所承保的疾病风险具有以下几个特点。

其一，疾病是由被保险人自身内在原因引起的，而非由于明显的外来因素引起的；其二，疾病不是由长期存在的原因引起的，而是由偶然的原因引起的；其三，疾病是由于非先天的原因引起的。先天性疾病和保险合同订立之前存在的疾病应排除在健康保险承保风险范围之外。

保险人为了严格审查疾病产生的因素，在承保标准方面，一般有以下几种规定。

一是观察期。由于仅仅依据以前的病历难以判断被保险人是否已经患有某些疾病，为了防止已经患有疾病的被保险人投保，有时要在保单中规定一个观察期，期限一般为半年。被保险人在观察期内因疾病支出的医疗费及收入损失，保险人不负责，观察期结束后保单才正式生效，也即观察期内所患疾病推定为投保以前就患有的，观察期结束后所患疾病可推定为投保以后患有的。

二是次健体保单。对于不能达到标准条款规定的身体健康要求的被保险人，保险人一般按照次健体（也称次标体）保单来承保，这时可能采用的方法有两种：其一是提高保费，其二是重新规定承保范围。

三是特殊疾病保单。对于被保险人所患的某种特殊疾病，保险人制定出特种疾病条款，以承保规定的特殊疾病。

3. 健康保险属于补偿性质的保险

健康保险是为被保险人因病发生的医疗费用和因病残疾后的收入损失提供补偿。鉴于健康保险的补偿性质，一些国家(如日本)把医疗费用保险划入损失(财产)保险范畴，允许损失(财产)保险公司承保。

健康保险的给付方式主要有两种：一是补偿式给付。补偿式给付健康保险实际上属于费用损失保险，适用财产保险中通行的补偿原则。它的特点是，保险人在保险金额的限度内，按被保险人实际支出的医疗费给付医疗保险金，也即保险金给付额不能超过被保险人实际支出的医疗费。二是定额给付。定额给付健康保险适用于人寿保险中通行的定额给付原则，保险人不问被保险人实际支出的医疗费多少，只是按照约定的金额给付医疗保险金，但二者性质并不相同。对于被保险人来说，补偿式给付健康保险提供的保障比定额给付健康保险更充分一些。因为在定额给付健康保险中，为了防止道德风险，约定的保险金额一般要低于平均实际需要支付的医疗费；而在补偿式给付健康保险中，被保险人实际支出的医疗费只要不超过保险金额就可以得到补偿。

4. 健康保险特别是医疗保险通常需要与投保人共同分摊成本

分摊成本的主要目的是防止道德风险，降低管理成本。分摊成本的主要方法有：

(1) 规定绝对免赔额。只有超过免赔额才能得到费用补偿，补偿金额为超过免赔额部分。免赔额的计算方式一般有三种：一是单一赔款免赔额，针对每次赔款的数额；二是全年免赔额，按全年赔款总额计算免赔额；三是集体免赔额，针对团体投保而言，小额的医疗费用由被保险人自己承担。

(2) 规定相对免赔比例。在医疗保险中，对超过免赔额的医疗费用，规定一个给付比例，如70%或90%，其余由被保险人自己负担。保险人与被保险人共同分摊医疗费用，既保障了被保险人的经济利益，促进了被保险人对医疗费用的节约，也有利于保险人经营的稳定。在残疾收入保险中也规定给付比例，如被保险人完全残疾，残疾给付按原来实际收入的75%或85%计算，目的在于鼓励被保险人积极寻求力所能及的劳动，达到自我补偿。

（3）规定给付限额。在合同中规定最高保险金额，超出部分由被保险人自己负担。保险人通常采用这种方法控制总支出水平。

5. 健康保险的一些特殊条款

健康保险合同除了适用人寿保险的一些常用条款，如不可抗辩条款、宽限期条款、不丧失价值条款等之外，还常用一些特殊条款，主要包括：

（1）既存状况条款。该条款规定，在保单生效的约定期间内，保险人对被保险人的既往病症不负有给付保险金的责任。既往病症是在保单签发以前就已经存在，但未在保单中如实告知的伤残或疾病。

（2）体检条款。体检条款适用于残疾收入补偿保险。该条款要求被保险人接受定期检查，以确定被保险人是否仍然丧失工作能力。体检条款还允许保险人指定医生对提出索赔的被保险人进行体格检查，目的是使保险人对索赔的有效性作出鉴定。

（3）转换条款。该条款允许团体健康保险的被保险人在脱离团体时购买个人医疗保险无须提供可保证明。对被保险人而言，这种权利的行使意味着他不得进行重复保险，否则保险公司将拒签保险单。将团体健康保险转换为个人健康保险时，被保险人通常要交纳较高的保险费，在保险金给付上的限制也会多一些。

（4）协调给付条款。为防止那些享有双重团体医疗费用的团体被保险人获得双重的保险金给付，协调给付条款规定了优先给付计划和第二给付计划。优先给付计划必须给付它所承诺的全部保险金，当其付清所承诺的保险金之后，被保险人即可向第二给付计划提出索赔，同时声明优先给付计划的给付金额。然后，第二给付计划按照协调给付条款的规定给付保险金额。

（5）职业变更条款。职业变更对被保险人的发病率和遭受意外伤害风险有着直接影响，故该条款规定，如果被保险人转移从事一个风险更高的职业，那么保险公司可以在不改变保险费率的前提下，降低保险金额；反之，如果被保险人转到一个风险较低的行业，那么保险公司可以在不改变保险金额的情况下，降低保险费率。

6.健康保险不指定受益人

受益人是享有保险金请求权的人，通常除保险合同另有规定外，享有保险金请求权的人为被保险人。在被保险人生存的情况下，他一般来说就是保险金的请求权人；只有当被保险人死亡时，受益人才享有受益权。开展健康保险业务的目的是为被保险人提供疾病医疗费用和残疾收入补偿，使他们病有所医，因病致残之后的生活有保障。为此，被保险人得到医疗费用补偿和收入补偿基本上是以被保险人的生存为条件的，所以无须指定受益人。

二、健康保险的分类

（一）基于承保内容分类

1.医疗保险

医疗保险是医疗费用保险的简称，是指以保险合同约定的医疗行为的发生为给付保险金条件，为被保险人接受诊疗期间的医疗费用支出提供保障的保险。医疗保险的范围很广，医疗费用一般依照其医疗服务的特性来区分，主要包含医生的门诊费用、药费、住院费用、护理费用、医院杂费、手术费用、各种检查费用等。各种不同的健康保险保单所保障的费用一般是其中的一项或若干项的组合。其主要的产品类型包括：

（1）普通医疗保险。普通医疗保险主要承保被保险人治疗疾病的一般性医疗费用，一般包括门诊费用、医药费用、检查费用等。这种保险的保费成本较低，比较适用于一般社会公众。由于医药费用和检查费用的支出控制有一定的难度，这种保单一般也具有免赔额和比例给付规定，保险人支付免赔额以上部分的一定百分比（如80%），保险费用则每年更新一次。每次疾病所发生的费用累计超过保险金额时，保险人不再负有保险责任。

（2）住院医疗保险。由于住院所发生的费用相当可观，故将住院费用作为一项单独的保险。住院保险的费用项目主要是每天住院房间的费用、住院期间医生治疗费用、利用医院设备的费用、手术费用、医药费等。住院时间长短将直接影响其费用的高低，因此，这种保险的保险金额应根据病人平均住院费用情况而定。为了控制不必要的长时间住院，这种保单一般规定保险人只负责所有费用的一定百分比（如90%）。

（3）手术保险。手术保险提供因病人需做必要的手术而发生的费用。这种保单一般负担所有手术费用。

（4）综合医疗保险。综合医疗保险是保险人为被保险人提供的一种全面的医疗费用保险，其费用范围包括医疗、住院、手术等一切费用。这种保单的保险费较高，一般确定一个较低的免赔额和适当的分担比例（如85%）。

2. 疾病保险

疾病保险是指以保险合同约定的疾病的发生为给付保险金条件的保险。某些特殊的疾病往往给病人带来高额的费用支出，如癌症、心脏疾病等。其主要产品是重大疾病保险。

重大疾病保险保障的疾病一般有心肌梗塞、冠状动脉绕道手术、癌症、脑中风、尿毒症、严重烧伤、暴发性肝炎、瘫痪、重要器官移植手术、主动脉手术等。这些疾病一经确诊，必然会产生大额的医疗费用支出。因此，通常要求这种保单的保险金额较大，以足够支付其产生的各种费用。给付方式一般是在确诊为特种疾病后，立即一次性支付保险金额。

重大疾病保险按保险期间划分，可以分为定期和终身两类；按保险金的给付形态划分，则有提前给付型、附加给付型、独立主险型、按比例给付型、回购式选择型五种类型。

3. 收入保障保险

收入保障保险是指以因保险合同约定的疾病或者意外伤害导致工作能力丧失为给付保险金条件，为被保险人在一定时期内收入减少或者中断提供保障的保险。被保险人由于疾病或意外伤害导致残疾，丧失劳动能力不能工作以致失去收入或减少收入，保险人在一定期限内分期给付保险金。其主要目的是为被保险人因丧失工作能力导致收入的丧失或减少提供经济保障，但不承担被保险人因疾病或意外伤害所发生的医疗费用。

收入保障保险一般分为两种：一种是补偿因伤害而致残疾的收入损失，另一种是补偿因疾病造成残疾而致的收入损失。在实践中，因疾病致残比因伤害致残更为多见。收入保障保险的给付期限可以是短期，也可以是长期。短期补偿是为了补偿被保险人在身体恢复前不能工作的收入损失，长期补偿是为了补偿被保险人全部残疾而不能恢复工作的收入损失。收入保障保险的给付方式一般是按月或按周进行补偿，主要根据被保险人的选择而定，每月或每周可提供金额相一致的收入补偿。

4. 护理保险

护理保险是指以保险合同约定的因日常生活能力障碍引发护理需要为给付保险金条件，为被保险人的护理支出提供保障的保险。一般的医疗保险或其他老年医疗保险不提供长期护理保障。护理保险的保障范围分为医护人员看护、中级看护、照顾式看护和家中看护四个等级。

护理保险的保费通常为平准式，即在保障期内年度保费平均分配，每年保费相同。也有每年或每一期间固定上调保费者，其年交保费因投保年龄、等待期间、保险金额和其他条件的不同而有很大区别。护理保险保险金的给付期限有1年、数年和终身等几种不同选择，同时也规定有20天、30天、60天、90天、100天等多种免责期，免责期越长，保费越低。终身给付保单通常很昂贵。

（二）基于投保对象分类

个人健康保险是保险公司与保单所有人之间的一种合同，是只对某一个人或某几个人提供健康保障的保险。团体健康保险是保险公司与团体保单持有人(雇主或购买团体健康保险的其他法定代表)之间的合同，它对主合同下的一群人提供保障。

个人健康保险和团体健康保险主要有以下三点区别：

1. 采用的条款不同

个人健康保险通常采用可续保条款、复效条款，团体健康保险通常采用转换条款、协调给付条款。另外，两者虽然都采用既存状况条款，但具体内容有较大差别。

2. 考虑的核保因素不同

对个人健康保险核保时，主要审查年龄、性别、职业、业余爱好、生活习惯、家族史、既往病史等；对团体健康保险核保时，则主要审查团体规模、新成员流入量、团体的稳定性、投保准入成员加入团体计划的最低比例等。

3.适用的费率不同

就相同的保障内容、相同的保险金额而言，团体健康保险的费率一般要低于个人健康保险的费率，原因是经营团体健康保险的营销费和管理费较低，道德风险远远低于个人健康保险。

本章思考题

- 什么是人寿保险？
- 人寿保险的特征有哪些？
- 普通人寿保险有哪些？
- 新型人寿保险有哪些？
- 什么是意外伤害保险？
- 意外伤害保险的特征有哪些？
- 按照保险责任划分，意外伤害保险有哪些种类？
- 什么是健康风险？健康风险有哪些特征？
- 按照承保内容划分，健康保险有哪些种类？

参考文献

[1]　庹国柱.保险学（第七版）[M].北京：首都经济贸易大学出版社，2016.

[2]　魏华林，林宝清.保险学（第三版）[M].北京：高等教育出版社，2011.

[3]　孙祁祥.保险学（第五版）[M].北京：北京大学出版社，2013.

[4]　许谨良.人身保险原理和实务（第四版）[M].上海：上海财经大学出版社，2015.

[5]　修波，高杨.人身保险[M].北京：中国金融出版社，2014.

[6]　张洪涛，庄作瑾.人身保险（第二版）[M].北京：中国人民大学出版社，2008.

[7]　魏巧琴.新编人身保险学（第三版）[M].上海：同济大学出版社，2015.

[8]　方力.人身保险产品研究[M].北京：中国财政经济出版社，2010.

[9]　翁小丹.人身意外伤害和健康保险[M].北京：中国财政经济出版社，2007.

后 记 Postscript

为切实服务公司战略和业务发展，推动教育培训工作迈向"正规化、专业化、系统化"，我们依据《新华保险教材体系建设规划》，于2018年1月启动了新华保险制式培训教材的编写工作。通过"总公司整体组织，总公司教育培训部牵头实施，分公司及总公司专业部门共同参与"的教材开发机制，遵循"先纲目设计，再分组编写初稿，再集中统稿，最后总纂成稿"的科学开发流程完成了编写工作，并在公司编委会领导的全面指导、审核把关和相关部门的通力协作、全力支持下，最终成书。

《保险基础知识》一书从风险与风险管理入手，介绍了保险的产生发展、性质、原则、功用、分类等基础知识内容，并重点介绍了人身保险和人身保险产品的相关内容。本教材将有助于读者树立正确的保险观念，了解并掌握保险的基本概念和原理，初步掌握人身保险的基本业务等基础知识。

本教材由新华人寿保险股份有限公司教育培训部负责统筹定稿，陕西分公司负责编写。其中，陈辉负责第一、第二章的初稿编写，徐宏、吴静负责第三章的初稿编写，杜水莲负责第四章的初稿编写，任超负责第五章的初稿编写，杨娟峰负责第六章的初稿编写，李婷婷、高晓晓、钱芳负责第七章的初稿编写。陕西分公司杜水莲、任超，教育培训部王锲夫负责统稿。

鉴于编写经验有限、时间仓促，本教材难免有疏漏之处，敬请读者谅解和批评指正。